„In den kleinsten Dingen zeigt die Natur die allergrößten Wunder.“
(Carl von Linné)

SCHAU
wie SCHLAU

MELANIE LAIBL, geboren 1973 in Linz, ist studierte Übersetzerin und Kommunikationswissenschaftlerin. Heute lebt sie im Wienerwald und arbeitet literarisch, journalistisch und werblich – Hauptsache mit Buchstaben. Ihr kinderliterarisches Schaffen wurde vielfach ausgezeichnet, u. a. mit dem Junior-Wissenschaftsbuchpreis, dem EMYS-Sachbuchpreis und dem Kinder- und Jugendbuchpreis der Stadt Wien für das erzählende Sachbilderbuch „So ein Mist. Von Müll, Abfall & Co" (illustriert von Lili Richter; Tyrolia, 2018).
www.melanielaibl.at

LUKAS VOGL, geboren 1990, zeichnet, seit er einen Stift halten kann. Nach der Matura im Kreativzweig studierte er Kunstgeschichte in Wien sowie am Qantm College (Abschluss mit dem Diploma of Entertainment and Animation). Seither ist er selbstständiger Concept Artist, 3D-Modeller und Illustrator sowie (aus Leidenschaft und zum Ausgleich) Kletterlehrer für Kinder und Erwachsene. Die Bilder in diesem Buch hat er traditionell gezeichnet, allerdings mit modernen Mitteln (Graphic Tablet, Photoshop) und viel Kaffee.
vogllukas.carbonmade.com

Die Natur ist eine Wunderkammer und die Arbeit an diesem Buch hat uns neue Türen zu ihr geöffnet. Für „Schau wie schlau" haben wir nicht nur gedruckte und digitale Fachliteratur durchkämmt und geliebte Museen durchwandert, sondern wurden auch von Expertinnen und Experten großzügig mit Wissen beschenkt. Im Naturhistorischen Museum in Wien hielten wir fossile Haizähne in Händen, sahen mit staunenden Augen Zanonia-Samen gleiten und brachten für unsere Notizen schichtenweise Graphit zu Papier. **Besonderer Dank** gilt somit den folgenden Abteilungen und Menschen:

Geologie & Paläontologie: Priv.-Doz. Mag. Dr. Mathias Harzhauser
Mineralogie & Petrographie: HR Dr.in Vera M. F. Hammer
Ökologie & Umweltbildung: Prof. Doz. Dr. Bernd Lötsch & Mag.a Dr.in Claudia Roson
Wissenschaftskommunikation: Dr. Andreas Hantschk & Mag.a Agnes Mair

2. Auflage 2022

Umschlagbild: Lukas Vogl
Layout: Jana Enzelberger, Wien
Schrift: Bunday Sans | Din Neue Roman | Supernett
Druck und Bindung: Florjančič, Maribor
ISBN 978-3-7022-3991-6

E-Mail: buchverlag@tyrolia.at
Internet: www.tyrolia-verlag.at
Social Media: Tyrolia Verlag Kinderbuch

Wir danken für die freundliche Unterstützung

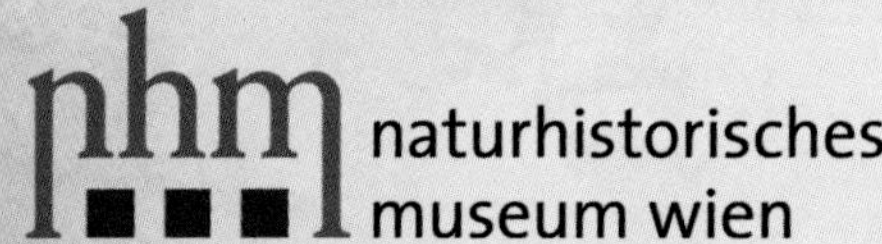

SCHAU wie SCHLAU

Bionik: wenn Natur die Technik beflügelt

von Melanie Laibl
mit Bildern von Lukas Vogl

Tyrolia-Verlag · Innsbruck-Wien

INHALTSVERZEICHNIS

TIERE ALS BIONISCHE VORBILDER

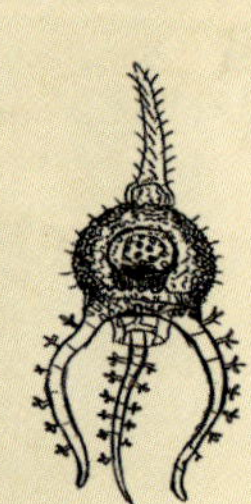

WENN NATUR DIE TECHNIK BEFLÜGELT

Die Natur ist eine begabte Erfinderin mit viel Geduld. Seit Jahrmillionen „baut" sie an Tieren, Pflanzen, Kristallen und Menschen, um sie bestmöglich an die gerade herrschenden Bedingungen anzupassen. Dieses Tüfteln und Feilen führt zu jeweils perfekten Ergebnissen. Von ihnen kann die Technik lernen.

Mit vereinten Kräften

Wenn die Natur etwas entwickelt, dann tut sie es nach denselben Spielregeln, die auch für die Technik gelten. Auf der Erde herrschen nun einmal bestimmte Gesetzmäßigkeiten wie physikalische Kräfte oder chemische Prozesse, die auf Lebewesen und Gegenstände einwirken. Darum lassen sich natürliche Lösungen, die beispielsweise zum Haften auf Oberflächen gefunden wurden (wie die Reibung oder Verhakung), grundsätzlich auf Erfindungen übertragen, die ebenfalls der Schwerkraft trotzen sollen. Genauso begehrt sind in der Bionik die Prinzipien „extrem stabil und gleichzeitig leicht" oder „sehr schnell und trotzdem energiesparend". Sie zeigen, wie man mit möglichst wenig (Material-)Aufwand möglichst gute Ergebnisse erzielt.

Geckopfoten sind Kletterhilfen. Haftscheiben mit feinsten Widerhäkchen halten sie selbst auf spiegelglatten Flächen, als wären sie mit Superkleber fixiert.

Wer suchet, der erfindet

In der Bionik geht es nicht darum, bloß abzukupfern, was die Natur geschaffen hat. Es geht um ein Weiterdenken und Weiterentwickeln ihrer bewährten Abläufe und Prinzipien. Oft arbeiten Teams aus den unterschiedlichsten Bereichen gemeinsam an einer bionischen Entwicklung: von der Tier- und Pflanzenkunde über Medizin, Chemie und Physik bis hin zu Materialforschung, Architektur und Maschinenbau. Je mehr Leute ihre Köpfe zusammenstecken, desto mehr Geistesblitze gibt es.

Bio-wie? Bio-wer? Bio-was?

Der Begriff „Bionik" setzt sich aus zwei Wörtern zusammen. Aus Biologie (Lehre vom Leben) und Technik (handwerkliches Können).

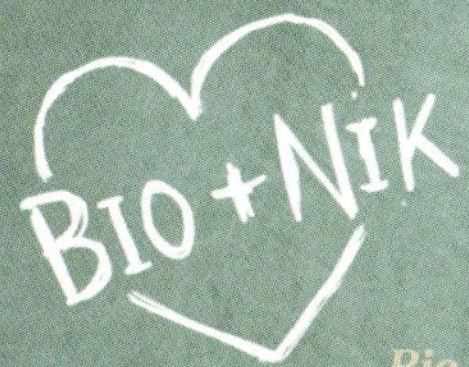

Bio trifft Nik

Ein Blick. Es macht „klick".
Sie schauen. Sie staunen.
Ein Wunder! Ein Wow!
So wird – tadaaa –
aus den beiden ein Paar.

Über den Tellerrand

Streng genommen holt sich die Bionik ihre Ideen aus der „belebten Natur", also bei Tieren, Pflanzen und Menschen. Kristalle sind demnach keine klassischen Vorbilder für technische Entwicklungen, sie zählen zur unbelebten Natur. In den Augen der Expertin Vera Hammer stecken sie trotzdem voller spannender Möglichkeiten. Ihre regelmäßigen Strukturen lassen sich nämlich künstlich nach- und sogar ausbauen. Bionik im traditionellen Sinne ist das nicht – „Kristallonik" aber durchaus.

Bionik oder Bio-nix?

Manche technischen Lösungen sehen aus wie direkte Kopien der Natur – obwohl sie das nicht sind. Vor allem menschengemachte Werkzeuge ähneln oft rein zufällig jenen aus der Tierwelt. Die Wissenschaft spricht hier von einer „Analogie" (Ähnlichkeit). Gerade bei frühen Erfindungen ist die Grenze zwischen Bionik und „Bio-nix" nicht immer klar zu ziehen.

Der Oberkiefer eines Ameisenlöwen und die Kombizange schauen sich zwar ziemlich ähnlich, doch bionisch ist da „nix".

Die vielfältigen Lösungen der Natur haben die Menschen schon immer fasziniert – vor allem dort, wo ihnen die Tiere überlegen waren. Heute helfen das gesammelte Wissen vieler Generationen und hochentwickelte Geräte beim Verstehen und Messen. Früher mussten dafür die Sinne genügen. Man forschte mit einem aufmerksamen Blick, hellhörigen Ohren und einer neugierigen Nase. Die Ergebnisse wurden in Aufzeichnungen und Skizzen festgehalten. Ein wahrer „Beobachtungsschatz" ist von Leonardo da Vinci erhalten. Er zeigt, dass die Menschen bereits vor hunderten Jahren mit ihren Überlegungen oft gar nicht so falsch lagen.

TIERE ALS BIONISCHE VORBILDER

Ein Vifzack wundert sich

Eigentlich war Leonardo da Vinci ja gelernter Bildhauer und Maler. Mit der „Mona Lisa" schuf er eines der berühmtesten Gemälde überhaupt. Gleichzeitig setzte er sein künstlerisches Talent ein, um Spannendes aus der Natur zu skizzieren. Besonders beschäftigte ihn die Fähigkeit, sich scheinbar mühelos durch die Luft zu bewegen. „Wie funktioniert das bloß, Fliegen?", fragte sich Leonardo und füllte Seite um Seite mit Beobachtungen und Ideen. Irgendwann war er dem Flügelschlag der Vögel und dem Segeln von Pflanzensamen lange genug auf den Grund gegangen, um daraus Flugapparate ableiten zu können: Gleiter, Fallschirme und Hubschrauber. Das machte ihn zu einem der ersten Bioniker überhaupt – um 1500 herum, wohlgemerkt. Tatsächlich geflogen ist Leonardo mit seinen Erfindungen wohl nie. Doch man kann mittlerweile ausrechnen, dass ihn sein Gleiter durchaus in der Luft gehalten hätte. Und dass er mit seinem Fallschirm sicher hätte landen können. Nicht ohne Grund gilt der Mann aus dem italienischen Vinci heute als „Universalgenie".

„Lerne von der Natur,
denn dort liegt deine Zukunft.“
(Leonardo da Vinci)
Zum Schutz seiner Ideen
schrieb Leonardo in
Spiegelschrift.

BESCHWINGTE PILOTEN

DEN VÖGELN NACHGESEGELT | 10–11

Vögel haben's gut: Nach ein bisschen Flattern sehen sie die Welt von oben. Das weckte schon früh die menschliche Abenteuerlust. Man baute sich Flügel, klebte sich Federn an und setzte sich in tollkühne Flugapparate. So richtig aufwärts ging es jedoch erst, als zum Träumen das Verstehen kam.

TAUBE
SPANNWEITE:
BIS 77cm

Starten im Ruderflug
Was wie ein Auf und Ab der Flügel aussieht, ist eigentlich ein Schlagen und Drehen. Anstrengend! Darum „rudern" Vögel nur, wenn sie schnell in die Luft wollen.

MÖWE
SPANNWEITE: BIS 1,70m

Reisen im Segelflug
Ist die gewünschte Flughöhe erreicht, kommt der gemütliche Teil: Flügel ausbreiten, Federn am Flügelende aufstellen und sich von der Luft tragen lassen. So spart man Kräfte.

Landen im Gleitflug
Ziel in Sicht? Dann ist es Zeit, die Flügel zu drehen und die Federn weit auseinanderzuspreizen. Das bremst die Geschwindigkeit und sorgt für eine sanfte Landung.

Einmaleins des Vogelflugs

Um sich erfolgreich in die Lüfte zu schwingen, braucht man Flügel – und die passende Flugtechnik. Beides haben die Pioniere des Menschenflugs richtig beobachtet. Dabei wurde eher dem Storch zugeschaut als dem Huhn. Denn seine langen, breiten Schwingen sind fürs Viel- und Langstreckenfliegen gemacht. Sie sind Aufstiegshilfe und Tragfläche zugleich. Jeder Flügelmuskel und jede Feder hilft mit, damit der Vogel schnell und sicher vorankommt. Manches aus diesem Zusammenspiel findet sich als Grundidee bei Flugzeugen wieder.

Mutige voraus!

Ohne die vielen verrückten „Vögel" der Fluggeschichte gäbe es heute kein Flugzeug. Zwei von ihnen zeigen ganz besonders, wo die Reise hingehen sollte: **Leonardo da Vinci** und **Otto Lilienthal**. Sie waren begeisterte Naturbeobachter und gleichzeitig tolle Techniktüftler.

2009 hob mit „Snowbird" erstmals ein Flugzeug ab, das vogelähnlich mit den Flügeln schlägt. Es wird mit Menschenkraft betrieben.

Leonardo da Vincis berühmte Flugmaschine war als „Schlagflügler" (Ornithopter) geplant.

Leonardos „luftige" Entwürfe waren nicht nur von Vögeln abgeleitet. Die Idee zur „Lufschraube" stammt von rotierenden Samen.

Ein Bruchpilot aus der griechischen Mythologie: Daedalus und sein Sohn Ikarus flohen mit Flügeln aus Wachs und Federn aus ihrer Gefangenschaft. Bis Ikarus der Sonne zu nah kam …

Rudern mit Leonardo

Leonardo da Vinci (1452–1519) kennt man als Malgenie. Er war aber gleichzeitig ein fleißiger Erfinder. Sein Kopf steckte voller Ideen, u. a. für Flugmaschinen. Eine davon, der „Schlagflügler", bestand aus nachgebauten Flügeln zum Umschnallen. Damit wollte Leonardo den Ruderflug der Vögel nachahmen. Sogar an Klappen aus Leinen hatte er gedacht – für die Feineinstellung, die sonst die Federn übernehmen. Geflogen ist Leonardo seine Erfindung wohl nie. Für sein Schlagflügler-Modell hätte Muskelkraft nicht ausgereicht. Erst kürzlich, also ungefähr 500 Jahre nach Leonardo, konnte das Prinzip des Ruderflugs technisch umgesetzt werden: in einem modernen Schwingflügler namens „Snowbird" (Schneevogel).

Schlau gewölbt

Die meisten Vogelflügel sind leicht gewölbt. Dadurch strömt die Luft schneller über die Oberseite als über die Unterseite. Automatisch entsteht ein Sog nach oben. Flugzeug-Tragflächen sind nicht umsonst ähnlich geformt.

Schlau gebogen

Beim Segeln stellen Vögel ihre Flügelenden auf. Das teilt den Widerstand der Luft in kleine Wirbel und der Flug wird ruhiger. Flugzeuge haben dafür „Winglets" (englisch für: Flügelchen) oder „Spiroids" (Kringel).

Schlau geneigt

Luftströmungen können beim Fliegen wie ein Turbo wirken. Vögel fangen sie ein, indem sie ihre Flügel drehen. Bald werden Flugzeuge das auch schaffen. An „Morphing Wings" (verformbaren Flügeln) wird bereits geforscht.

1889 lässt sich Reuben Jasper Spalding seine „Vogelweste" patentieren. Auch sie diente vor allem zum Gleiten. Für den Aufstieg in die Luft sollte ein Ballon dienen.

„Den" Vogelflügel schlechthin gibt es nicht. Zu unterschiedlich sind die Größen, zu vielfältig auch die Formen. Die ausladenden Schwingen des Storchs taugen locker für eine Reise von Kontonent zu Kontinent.

Gleiten mit Otto

Otto Lilienthal (1848–1896) hatte sich schon als Kind Bretter auf die Arme gebunden und war flügelschlagend herumgelaufen. Später studierte er die Störche im Gleitflug. Er wollte ihre Technik verstehen und diesen Flugmodus 1:1 imitieren. Schließlich baute er aus Weidenruten und Stoff ein Gleitflugzeug für Menschen und testete es, wieder und wieder. Die tausendfache Übung machte aus Otto einen Meister. Er startete von immer höheren Bergen und flog immer weiter. Als ihn eine Bö für immer vom Himmel holte, war Otto längst ein Star. 2016 wurde seine Erfindung ihm zu Ehren nachgebaut und erfolgreich geflogen: der „Normalsegelapparat".

Ein verehrter Vogel aus dem Alten Ägypten: Der mächtige Himmelsgott Horus war halb Falke, halb Mensch. Sein Name bedeutet so viel wie „der oben Befindliche".

VIELFÄLTIGE FORMGEBER

DEN VÖGELN NACHGEBILDET | 12–13

Was hat der Storch mit dem Spatz gemeinsam? Und was der Spatz mit der Stockente? Auf den ersten Blick ist es nicht viel. Nur wer genau hinsieht, findet eine Reihe von ähnlichen Merkmalen. Sogar bei „Nichtfliegern“, die lieber laufen oder schwimmen, wie der Strauß oder der Pinguin.

als Schutz vor Nässe, Wind und Wetter

zum Tempomachen und Steuern

2 DAUNE

ein Teil der wärmenden „Vogelunterwäsche“

Meisterwerk Feder

Bis heute ist es dem Menschen nicht gelungen, die Vogelfeder in all ihrer Perfektion nachzubilden. Am besten klappt es noch bei den Daunen. Es gibt sie bereits in einer Version aus Kunstfasern. Sie stecken in Bettdecken und Winterjacken und funktionieren wie ihr natürliches Vorbild: Zwischen dem fluffig-weichen Flaum bilden sich Luftpolster. Diese schließen die Körperwärme ein, bevor sie in die Umgebungsluft entweicht. Bei den steiferen Federvarianten sind besonders Eulenfedern einen Nachbau wert. Weil ihre Enden gezahnt sind statt glatt, verwirbelt sich der Luftwiderstand und damit das Fluggeräusch. Flüsterleise statt „flappflapp“ ist praktisch beim Jagen in der Nacht – und für alles, was technisch durch die Luft zischt. Die Zähnchen-Idee wurde bereits bei Ventilatoren sowie Turbinen umgesetzt.

Gezackte Enden entwickeln weniger Geräusche.

künstliche Daune

Modellfigur

Pinguine haben im Laufe ihrer Entwicklung das Fliegen verlernt. Aus ihren Flügeln wurden Flossen. Auch der Rest ihres Körpers hat sich an den Lebensraum Wasser angepasst. Seine „flutschige“ Spindelform hält dem Nass wenig Widerstand entgegen. Das spart Kraft beim Schwimmen und Tauchen. Dieses Design ist wie gemacht für technische Entwicklungen, bei denen Tempo zählt. Der Pinguin darf somit für U-Boote und Raketen Modell stehen. Sie werden durch seine Spindelform nicht nur schneller, sondern auch sparsamer im Energieverbrauch.

Luftikus-Knochen

Leichtgewichte fliegen besser. Darum hat die Natur bei den Vögeln Gewicht eingespart, wo immer sie konnte. Vogelknochen z. B. sind innen fast hohl. Nur ein feines Netz aus Knochenmaterial stützt die Außenwände. Dieses Prinzip ist besonders für die Planung von Fluzeugen interessant. Dort bedeutet jedes unnötige Kilo unnötig verbrauchten Treibstoff. Aktuell wird untersucht, ob man die Kabine von Passagierflugzeugen wie ein Vogelskelett zusammensetzen könnte. Die entsprechenden Bauteile haben zwei feste Außenschichten, im Inneren sitzt eine netzartige Struktur. Durch die zahlreichen Hohlräume verringert sich das Gewicht der Teile, während die Querverstrebungen für die nötige Stabilität sorgen.

Vogelknochen (netzartig)

Säugetierknochen (schwammartig)

Flugzeugbauteile (Vogelknochenstruktur)

Das Ei (des Kolumbus)

Eier sind eine geniale Verpackung für den Vogelnachwuchs. Durch winzige Löcher in der Schale kriegt das werdende Küken frische Luft. Gleichzeitig kann die verbrauchte Luft entweichen. Dieser Gas-Austausch funktioniert auch, wenn man die leeren Schalen weiterverwendet. Etwa zum Lagern von Trinkwasser in der Wüste, wie es in Afrika Tradition hat. Vergleichsweise brandneu ist eine Folie nach Eierschalen-Art. Sie wird mit einem Laser feinst durchlöchert. Dadurch kann das Eingewickelte atmen und reift weniger schnell als in einer luftdichten Hülle.

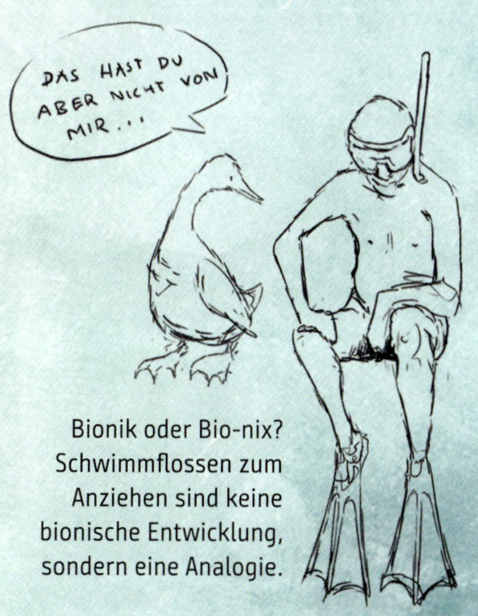

Bionik oder Bio-nix? Schwimmflossen zum Anziehen sind keine bionische Entwicklung, sondern eine Analogie.

Kleine Spielerei

Die Redensart „Ei des Kolumbus“ meint eine verblüffend einfache Lösung für ein scheinbar unlösbares Problem. Sie kommt vermutlich von einem Fest, bei dem der Seefahrer Christoph Kolumbus die anderen Gäste herausgefordert hat. Sie sollten ein Ei ohne weitere Hilfsmittel auf seine Spitze stellen. Den passenden Einfall hatte allein Kolumbus: Er dellte das Ei leicht ein, indem er es vorsichtig auf den Tisch schlug.

Keine lahme Ente: Mit bis zu 443 km/h zählt der Shinkansen zu den schnellsten Zügen der Welt.

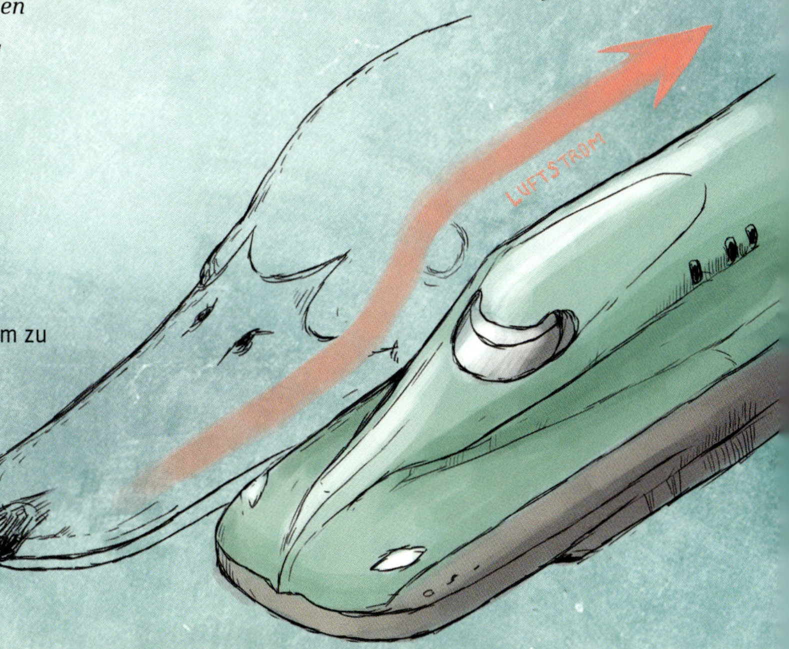

Schnabelschnell?

Der länglich-flache Schnabel der Stockente ist dafür gemacht, in aller Ruhe im Schlamm zu wühlen. Ein Entwicklungsteam fand diese gemütliche Form spannend und setzte sie ausgerechnet bei einem Hochgeschwindigkeitszug um. Der berühmte japanische „Shinkansen“ hatte nämlich ein Problem: Je mehr er auf die Tube drückte, desto unruhiger und lauter wurde die Fahrt. Durch die Entenschnabel-Lokomotive macht die Luft jetzt weniger Wirbel, wenn sie von vorne nach hinten über die Waggons strömt – und folglich weniger Lärm.

LUFTIGE AKROBATEN

DEN FLEDERMÄUSEN UND FLUGHÖRNCHEN NACHGEJAGT | 14–15

Fliegen ist nicht wirklich Säugetier-Sache. Nur die Fledermäuse und die Flughunde schaffen es, sich aus eigener Kraft in die Lüfte zu schwingen. Das verdanken sie ihren Urahnen, den Flugsauriern. Von ihnen haben sie die Häute zwischen Armen und Beinen geerbt – im Mini-Format.

Mit den Ohren sehen

Fledermäuse lieben Nachtmahlzeiten. Ihre Augen sind dabei nur teilweise eine Hilfe. Wie finden sie dann ihre Mücken, ohne den nächstbesten Baum zu rammen? Sie zeichnen innere Landkarten – aus dem, was sie hören! Beim Fliegen geben Fledermäuse ununterbrochen sehr hohe Töne von sich. Ihr Schall verbreitet sich wellenartig in der Luft. Sobald er auf ein Hindernis trifft, wird er als Echo zurückgeworfen und die Fledermaus kennt sich aus. Autos haben eine ähnliche Ortungsmethode.

So genannte „Einparkhilfen" messen piepsend, wie viel Platz in einer Parklücke ist.

Gut ... gemeint

Im Mittelalter dachte man, dass Fledermäuse extra scharfe Augen haben. Und dass sich diese Besonderheit auf Menschen überträgt, die sich Fledermausblut ins Gesicht schmieren. Der Gelehrte Albertus Magnus soll seinen kurzsichtigen Schülern genau das geraten haben. Zum Glück gibt es inzwischen Brillen.

Wie gut taugt ein selbstgenähter **Fledermaus-Anzug** als Fluggerät? Vor über 100 Jahren wollte es der Schneider Franz Reichelt wissen und sprang mit massenhaft Stoff rundum vom Pariser Eiffelturm. Der mutige Versuch ging leider böse für ihn aus.

Schlüpf ins Flughörnchen!
Flughäute findet man auch bei bestimmten Hörnchenarten. Sie eignen sich allerdings nicht fürs Fliegen, wie die der Fledermäuse, sondern sind fürs Segeln bzw. Gleiten gemacht – von Baum zu Baum.

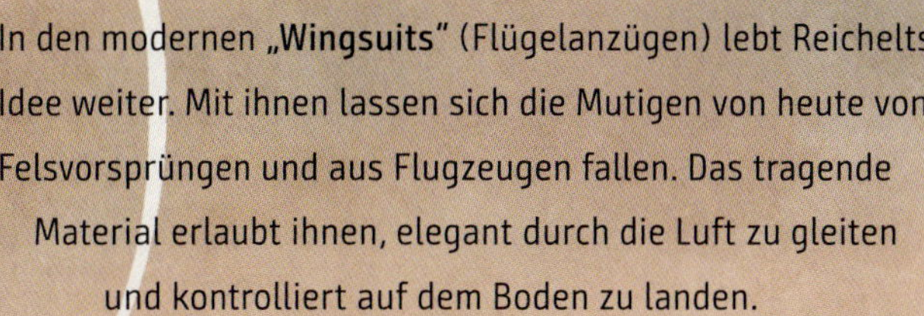

In den modernen **„Wingsuits“** (Flügelanzügen) lebt Reichelts Idee weiter. Mit ihnen lassen sich die Mutigen von heute von Felsvorsprüngen und aus Flugzeugen fallen. Das tragende Material erlaubt ihnen, elegant durch die Luft zu gleiten und kontrolliert auf dem Boden zu landen.

Wer noch mehr Nervenkitzel will, entscheidet sich für den **„Squirrel Wingsuit“** (Hörnchen-Flügelanzug). Dieser lässt neben dem reinen Gleiten einen Wechsel zwischen Steig- und Sinkflügen zu: ein Auf und Ab, wie es für Flughörnchen typisch ist.

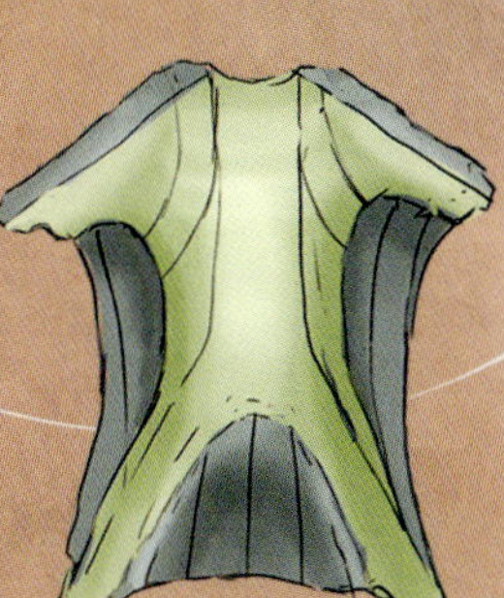

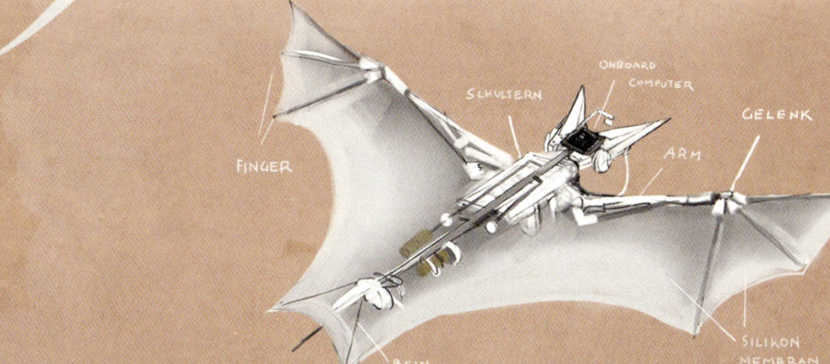

Bat Bots kommen zum Einsatz, wo Drohnen zu sperrig oder zu ruppig sind. Sie filmen z. B. Großbaustellen ab oder sausen bei Rettungseinsätzen voraus und erkunden die Lage.

Viel Flügelspitzengefühl
Ein waghalsiger Sturzflug, eine zackige Wende: Wenn Fledermäuse jagen, ist das Körperbeherrschung pur. Das lässt sich technisch übertragen: auf Fledermaus-Roboter. Mit seinem Skelett aus Kohlefasern und seinen Flughäuten aus Silikon fliegt so ein „Bat Bot“ wie sein Vorbild – superbeweglich und supergenau. Schade, dass die Forschung ihn nicht zum Spielen, sondern zum Arbeiten geschaffen hat.

- Du-hu, Batman?
- Ja, Robin?
- Wir haben ein Problem.
- Schieß los.
- Dein Name bedeutet „Fledermaus“ und meiner „Rotkehlchen.“ Nur: Wir können überhaupt nicht fliegen.

- Warum auch? Fliegen ist Supermans Revier.
- Aber das ist voll peinlich. So mit Strumpfhosen und ohne Superkräfte.
- Unsere Superkräfte sitzen halt im Kopf.

ORGANISIERTE BAUMEISTERINNEN

DEN BIENEN UND WESPEN NACHGEFORMT | 16–17

Wie alle Eltern wollen auch die gelb-braun gestreiften nur das Beste für ihren Nachwuchs. Neben gesunder Nahrung ist das vor allem ein schützendes Zuhause und ein Umfeld, in dem sich die Kleinen gut aufgehoben fühlen. Die Lösungen dafür lassen Forscherinnen und Forscher extra fleißig werden.

Sieht leicht und luftig aus, ist aber stabil und stark: Ein Verbundmaterial mit Wabenstruktur im Inneren hält viel Druck und Gewicht aus.

Sparsame Stararchitektur

Wildlebende Bienenarten bauen ihre Stöcke selbst: aus Wachs, aus Sand und Lehm oder aus Blatt- und Blütenstückchen. Sie speicheln das Material ein und ziehen damit ihre Brutkammern hoch. Wespen arbeiten ähnlich, nur mit zerkautem Holz. So entstehen aus vergleichsweise wenig Baustoff haltbare Wände. Technisch lässt sich dieses Prinzip für Verpackungen nutzen. Ein „Sandwich" aus zwei Lagen Karton wird steifer, wenn dazwischen Waben aus Papier geklebt sind. Dasselbe gilt für Kunststoff. Darum sind solche Bienenwaben-Schichten oft im Inneren von Flugzeugteilen, Zimmertüren oder Snowboards zu finden.

Selbst ist die Wabe

Für ihre Wabe stapelt die Biene Zellen aus Wachs. Diese sind beim Formen noch kreisrund. Die Körperwärme der Biene hält das Wachs weich und lässt die einzelnen Zellen an ihre jeweils sechs Nachbarinnen andocken. Damit wird aus dem Kreis ein perfektes Sechseck – ohne, dass die Biene dafür einen Fühler rühren muss. Das Prinzip dahinter heißt „Selbstorganisation" und funktioniert genauso bei anderen Materialien. Wenn z. B. auf ein dünnes Blech Druck ausgeübt wird, will es der Belastung ausweichen und verändert sich quasi von selbst. Seine glatte Oberfläche springt in eine regelmäßige Wabenstruktur. Ein solches selbstorganisiertes Blech hat fast jeder zu Hause: Es sorgt dafür, dass Waschmaschinentrommeln sogar das wildeste Schleudern aushalten.

Mit den Formen von Kreisen hat die Biene genug gewerkt. Den Rest kann sie getrost dem Prinzip der „Selbstorganisation" überlassen.

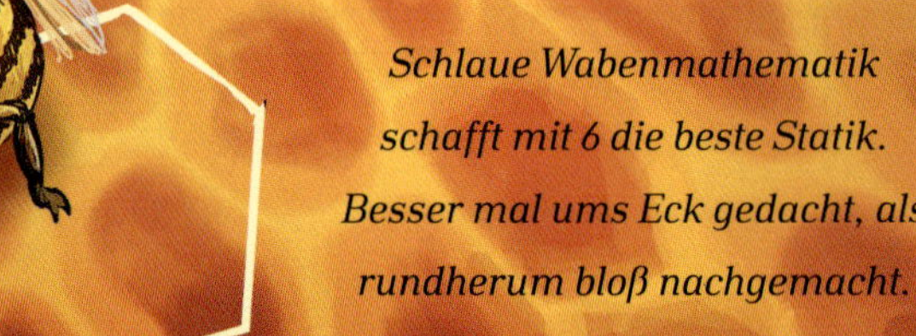

Schlaue Wabenmathematik schafft mit 6 die beste Statik. Besser mal ums Eck gedacht, als rundherum bloß nachgemacht.

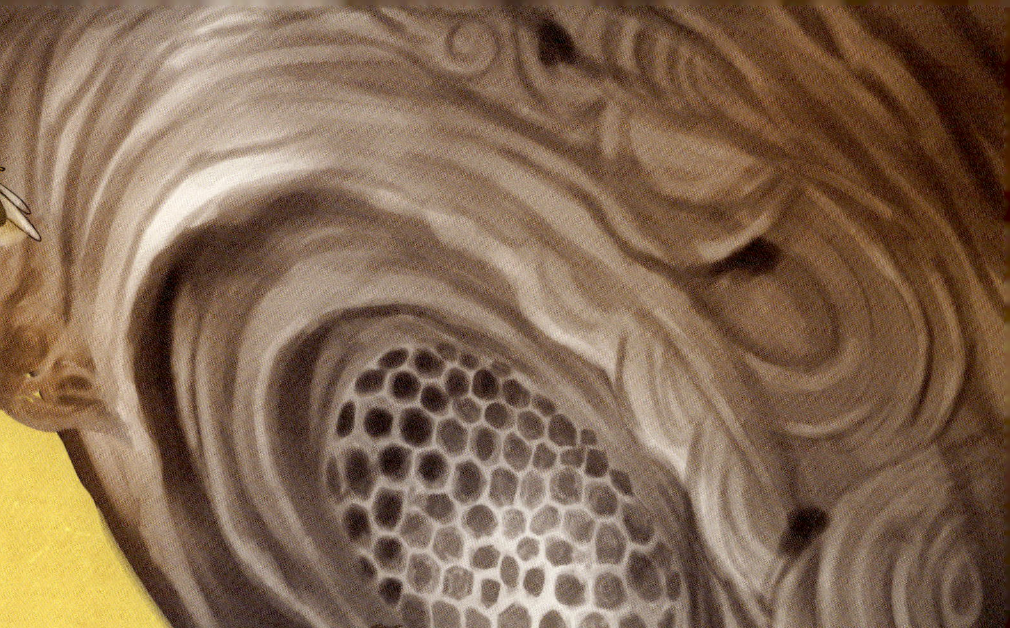

Total sozial

Bienenstöcke und Wespennester sind Riesen-Wohngemeinschaften. Das klingt nach Chaos, klappt aber beispielhaft gut. Bei staatenbildenden Insekten wissen eben alle, was zu tun ist. Die vielen Einzeltiere handeln gemeinsam wie ein einziges Tier. Die Wissenschaft nennt das einen „Superorganismus". „Super" im Sinne von „übergeordnet". Manche Abläufe in solchen Insektenstaaten lassen sich auf das Miteinander von Menschen übertragen. Ein spezieller Zweig der Bionik beschäftigt sich genau damit. Er untersucht, wie sich die Zusammenarbeit in Teams oder ganzen Firmen verbessern lässt und wovon ein gelungenes Zusammenleben abhängt.

Tropfen für Tropfen

Manche Bienenarten sammeln Blütenöle. Sie haben dafür spezielle Härchen auf den Hinterbeinen. Verschieden dick und ineinander verzweigt bilden sie eine Art Sammelbeutel für den Öltransport. Er lässt sich unendlich oft leeren und wieder anfüllen. Etwas Ähnliches bräuchte man für die Aufräumarbeiten nach Schiffsunfällen. Dort sind momentan Textilien im Einsatz, die das Öl gut aufsaugen. Nur auswringen lassen sich diese Absorber-Tücher nicht. Mit Textilien, die nach Bienenbeinchen-Manier gestrickt oder gewebt sind, wäre beides möglich und gleichzeitig der wertvolle Rohstoff zu retten.

Im dichten Geflecht aus Härchen bleibt das gesammelte Öl hängen und kann tropffrei in den Stock geflogen werden.

Holz statt Hadern

Als der Buchdruck aufkam, brauchte man sehr schnell sehr viel Papier. Stofflumpen wurden als Rohstoff zu teuer. Alle wollten Holz, doch seine groben Fasern machten Probleme. Bis der deutsche Erfinder Friedrich Gottlob Keller vermutlich studierte, wie Wespen ihre „Papiernester" bauen. Er entwickelte eine Schleifmaschine, die Holz genauso fein zerkleinern konnte, wie es die Mundwerkzeuge der Wespen schaffen. Wasser dazu, Holzbrei auswalken, fertig!

ACHTBEINIGE SUPERHELDINNEN

Den Spinnen nachgewebt | 18–19

Die einen kriegen bei Spinnen die Panik, die anderen das gewisse Leuchten in den Augen. Mit Spinnen lässt es sich nämlich ganz vorzüglich … spinnen. Ihre Fäden, Härchen und Beine sind Inspiration pur, vor allem für zukünftige Entwicklungen.

Alle Acht-ung!

Für ihr flinkes Krabbeln setzt die Spinne unterschiedliche Kraftquellen ein: Gebeugt wird mit den Muskeln, gestreckt mit einer speziellen Körperflüssigkeit, die sie in ihre Gliedmaßen pumpt. Dabei entsteht Druck und der Druck erzeugt die Bewegung. Hier nutzt die Spinne das Prinzip der Hydraulik. Der spinnengleiche „OHM-Krabbler" tut es ihr gleich. Sein Bewegungsmuster orientiert sich direkt an einem leichtfüßigen Vorbild. Dank „Spinnengang" ist der Roboter exakt steuerbar und entsprechend geschickt.

MUSKELKRAFT

HYDRAULIK

… klar von der Spinne inspiriert entwickelt der OHM-Krabbler deutlich mehr Gefühl. Er könnte künftig bei Erste-Hilfe-Einsätzen verschüttete Menschen ausgraben oder bei Unfällen mit giftigen Substanzen vorausmarschieren.

Der bewährte Einsatz von Hydraulik bei Bagger, Gabelstapler & Co ist wohl eine Analogie, …

Im Trockentauchanzug

Die Fischerspinne wechselt gerne vom Land ins Wasser und wieder zurück. Fürs Trocknen zwischendurch kann sie sich beim Jagen kaum Zeit nehmen. Ihr Haarkleid sorgt dafür, dass sie einfach nicht nass wird: Taucht die Spinne unter, sperren ihre unzähligen ineinander verhakten Härchen unter sich Luft ein. Damit bildet sich eine Isolierschicht, wie unter den Federn von Vögeln. Wären Badesachen ähnlich gestrickt, müsste man nie mehr feuchtes Zeug hinunterwursteln. Leider sind die ersten Materialproben noch nicht dehnbar genug. Es scheitert also vorerst noch am Hinaufwursteln.

Ein „Tauchanzug" aus Haaren und Luftpolstern hält die Spinne stets trocken.

…erwickeln. Verweben, verkleben. Seidenes Garn, mitten im Farn. Immer und immer. Wieder und wieder … Die spinnen, die Spinnen! Einfach so, aus dem popo. Entwickeln, verwickeln. Verweben, verkleben. Seidenes Garn, mitten im Farn. Geschwind wie der Wind. Elastisch, fantastisch. Verzückt und verrückt. Das Nest wird ein Fest. Oh nein: Menschenbein! Gewonnen, zerronnen. Entwickeln, verwickeln. Verweben, verkleben. Seidenes Garn, mitten im Farn. Immer und immer. Wieder und w…

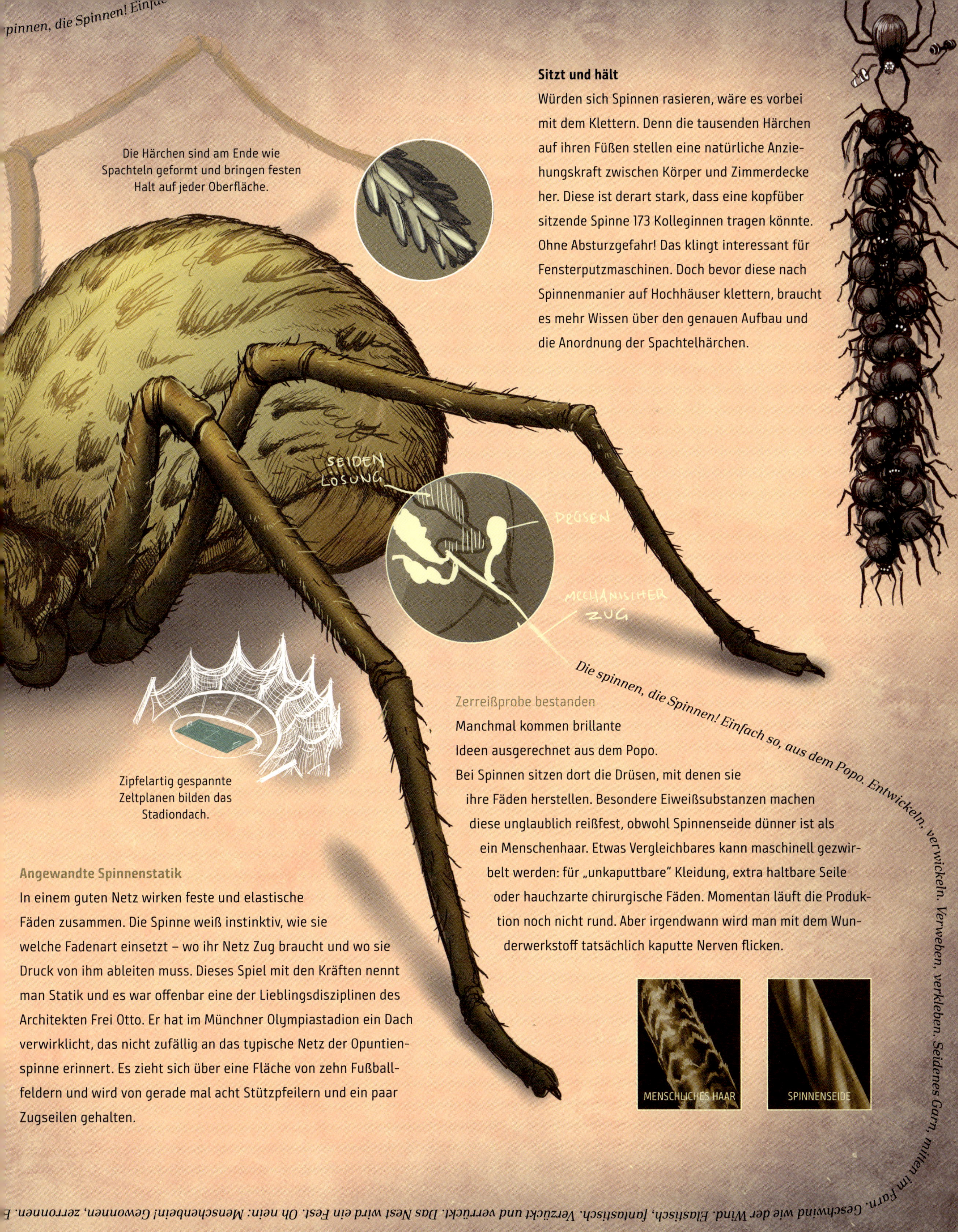

Die Härchen sind am Ende wie Spachteln geformt und bringen festen Halt auf jeder Oberfläche.

Sitzt und hält

Würden sich Spinnen rasieren, wäre es vorbei mit dem Klettern. Denn die tausenden Härchen auf ihren Füßen stellen eine natürliche Anziehungskraft zwischen Körper und Zimmerdecke her. Diese ist derart stark, dass eine kopfüber sitzende Spinne 173 Kolleginnen tragen könnte. Ohne Absturzgefahr! Das klingt interessant für Fensterputzmaschinen. Doch bevor diese nach Spinnenmanier auf Hochhäuser klettern, braucht es mehr Wissen über den genauen Aufbau und die Anordnung der Spachtelhärchen.

Zipfelartig gespannte Zeltplanen bilden das Stadiondach.

Zerreißprobe bestanden

Manchmal kommen brillante Ideen ausgerechnet aus dem Popo. Bei Spinnen sitzen dort die Drüsen, mit denen sie ihre Fäden herstellen. Besondere Eiweißsubstanzen machen diese unglaublich reißfest, obwohl Spinnenseide dünner ist als ein Menschenhaar. Etwas Vergleichbares kann maschinell gezwirbelt werden: für „unkaputtbare" Kleidung, extra haltbare Seile oder hauchzarte chirurgische Fäden. Momentan läuft die Produktion noch nicht rund. Aber irgendwann wird man mit dem Wunderwerkstoff tatsächlich kaputte Nerven flicken.

Angewandte Spinnenstatik

In einem guten Netz wirken feste und elastische Fäden zusammen. Die Spinne weiß instinktiv, wie sie welche Fadenart einsetzt – wo ihr Netz Zug braucht und wo sie Druck von ihm ableiten muss. Dieses Spiel mit den Kräften nennt man Statik und es war offenbar eine der Lieblingsdisziplinen des Architekten Frei Otto. Er hat im Münchner Olympiastadion ein Dach verwirklicht, das nicht zufällig an das typische Netz der Opuntienspinne erinnert. Es zieht sich über eine Fläche von zehn Fußballfeldern und wird von gerade mal acht Stützpfeilern und ein paar Zugseilen gehalten.

pinnen, die Spinnen! Einfa

Die spinnen, die Spinnen! Einfach so, aus dem Popo. Entwickeln, verwickeln. Verweben, verkleben. Seidenes Garn, mitten im Farn. Geschwind wie der Wind. Elastisch, fantastisch. Verzückt und verrückt. Das Nest wird ein Fest. Oh nein: Menschenbein! Gewonnen, zerronnen. E

WAHRHAFTE LEUCHTEN

DEN GLÜHWÜRMCHEN NACHGEBLINKT | 20–21

Wenn Glühwürmchendamen ihre Hinterteile zum Strahlen bringen, geben sie ein Signal für die Liebe. Die vorbeifliegenden Herren brauchen nur ihre Augen offenzuhalten und rechtzeitig zu landen. Diese Leuchten aus eigener Kraft sieht aus wie Magie, doch dahinter steckt reinste Chemie.

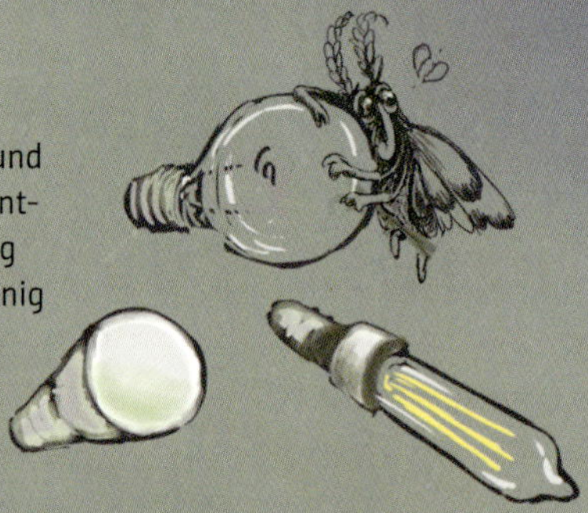

Glühbirne von gestern, Energiespar- und LED-Lampe von heute: Leuchtmittel entwickeln sich immer mehr in Richtung „möglichst viel Licht bei möglichst wenig Energieverbrauch".

Glühwürmchenhintern: 95 % Licht, 5 % Wärme; die rillige Oberfläche lässt viel Licht nach außen.

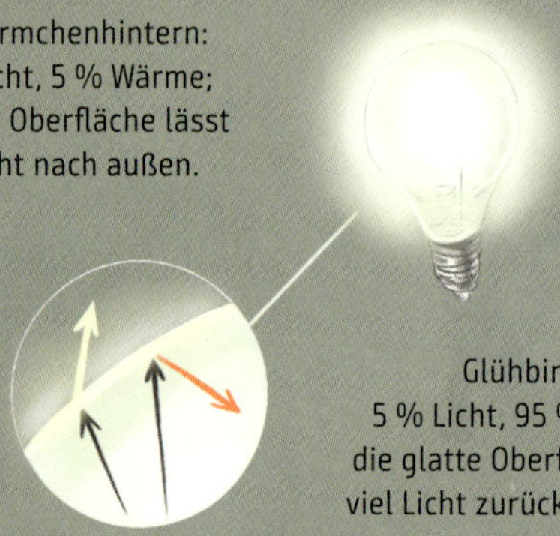

Glühbirne: 5 % Licht, 95 % Wärme; die glatte Oberfläche wirft viel Licht zurück ins Innere.

Heiße Tipps für kaltes Licht

Die Fähigkeit, selbst Licht zu erzeugen, heißt Biolumineszenz (griechisch bios = Leben und lateinisch lumen = Licht). Das Glühwürmchen mischt dafür körpereigene Stoffe (Luziferin und Luziferase) mit Sauerstoff. Gemeinsam reagieren die drei mit einer Reihe von Mini-Explosionen. Der Glühwürmchen-Popo beginnt zu leuchten. Pling! Bei dieser chemischen Reaktion fließt viel Energie direkt in die Helligkeit und nur wenig in die Entwicklung von Wärme. Glühwürmchen betreiben damit also perfekte Energiesparlampen. Ihr rauer und schuppiger Käferpanzer unterstützt diesen Effekt. Seine Ritzen und Spalten sorgen dafür, dass das Licht nicht wieder nach innen zurückgeworfen wird. Stattdessen strahlt es zielgerichtet nach außen. Um aus den aktuellen LEDs noch mehr Leuchtkraft zu holen, wird bereits mit ähnlichen Ummantelungen experimentiert.

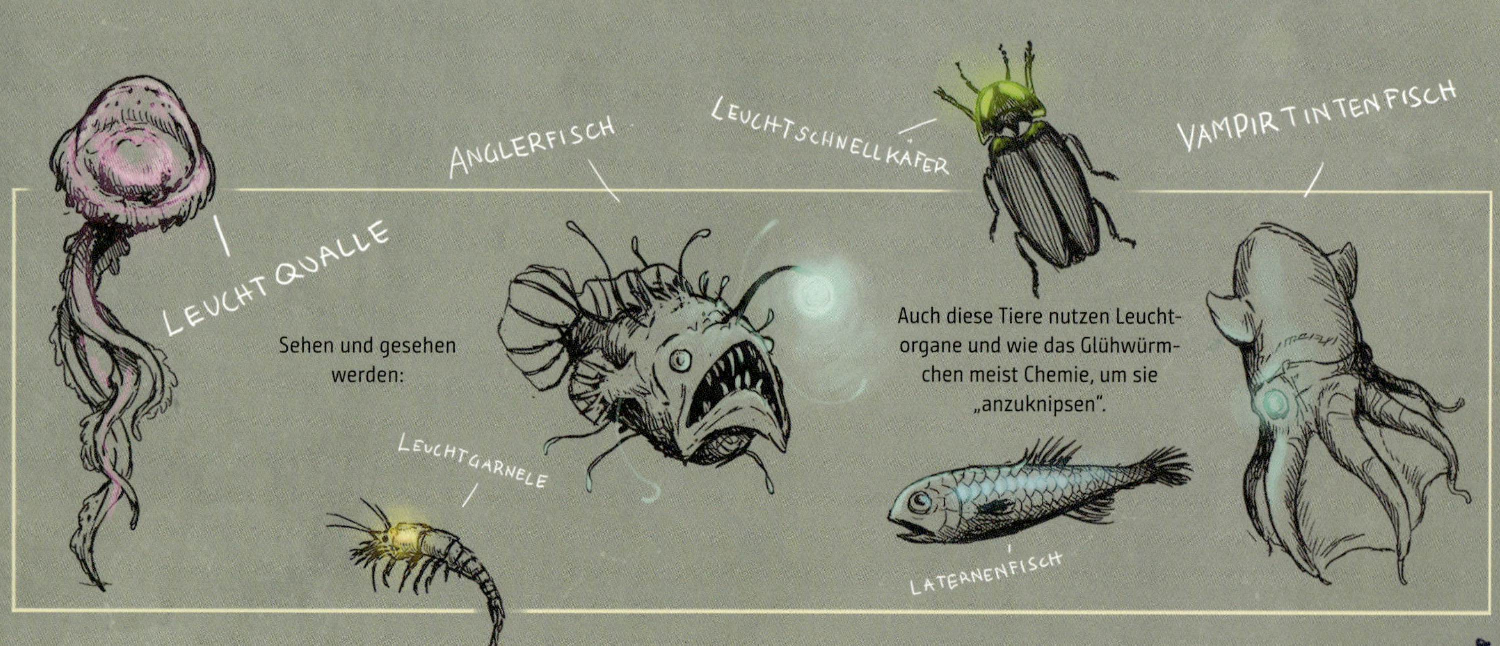

Sehen und gesehen werden:

Auch diese Tiere nutzen Leuchtorgane und wie das Glühwürmchen meist Chemie, um sie „anzuknipsen".

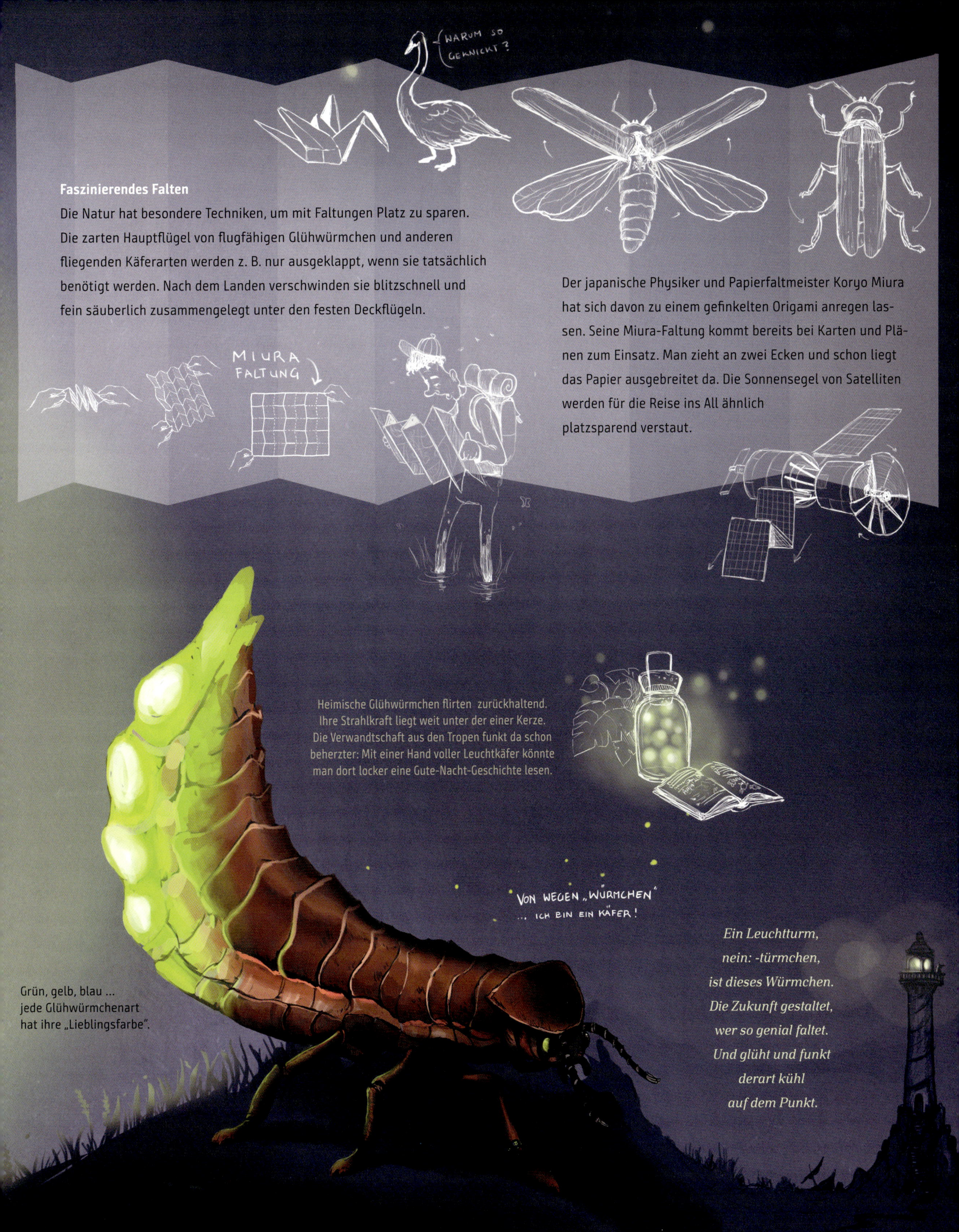

Faszinierendes Falten

Die Natur hat besondere Techniken, um mit Faltungen Platz zu sparen. Die zarten Hauptflügel von flugfähigen Glühwürmchen und anderen fliegenden Käferarten werden z. B. nur ausgeklappt, wenn sie tatsächlich benötigt werden. Nach dem Landen verschwinden sie blitzschnell und fein säuberlich zusammengelegt unter den festen Deckflügeln.

Der japanische Physiker und Papierfaltmeister Koryo Miura hat sich davon zu einem gefinkelten Origami anregen lassen. Seine Miura-Faltung kommt bereits bei Karten und Plänen zum Einsatz. Man zieht an zwei Ecken und schon liegt das Papier ausgebreitet da. Die Sonnensegel von Satelliten werden für die Reise ins All ähnlich platzsparend verstaut.

Heimische Glühwürmchen flirten zurückhaltend. Ihre Strahlkraft liegt weit unter der einer Kerze. Die Verwandtschaft aus den Tropen funkt da schon beherzter: Mit einer Hand voller Leuchtkäfer könnte man dort locker eine Gute-Nacht-Geschichte lesen.

Grün, gelb, blau ...
jede Glühwürmchenart
hat ihre „Lieblingsfarbe".

Ein Leuchtturm,
nein: -türmchen,
ist dieses Würmchen.
Die Zukunft gestaltet,
wer so genial faltet.
Und glüht und funkt
derart kühl
auf dem Punkt.

COOLE TEAMARBEITERINNEN

DEN TERMITEN NACHGELÜFTET | 22–23

Termiten sind so lang wie zwei Kinderfinger breit sind. Und doch bauen sie wahre Wolkenkratzer, im Ausmaß von mehreren Babyelefanten. Dabei ist das noch nicht einmal ihre größte Leistung. Wenn Millionen von Tieren zusammenhelfen, geht eben entsprechend was weiter. Typisch „Superorganismus".

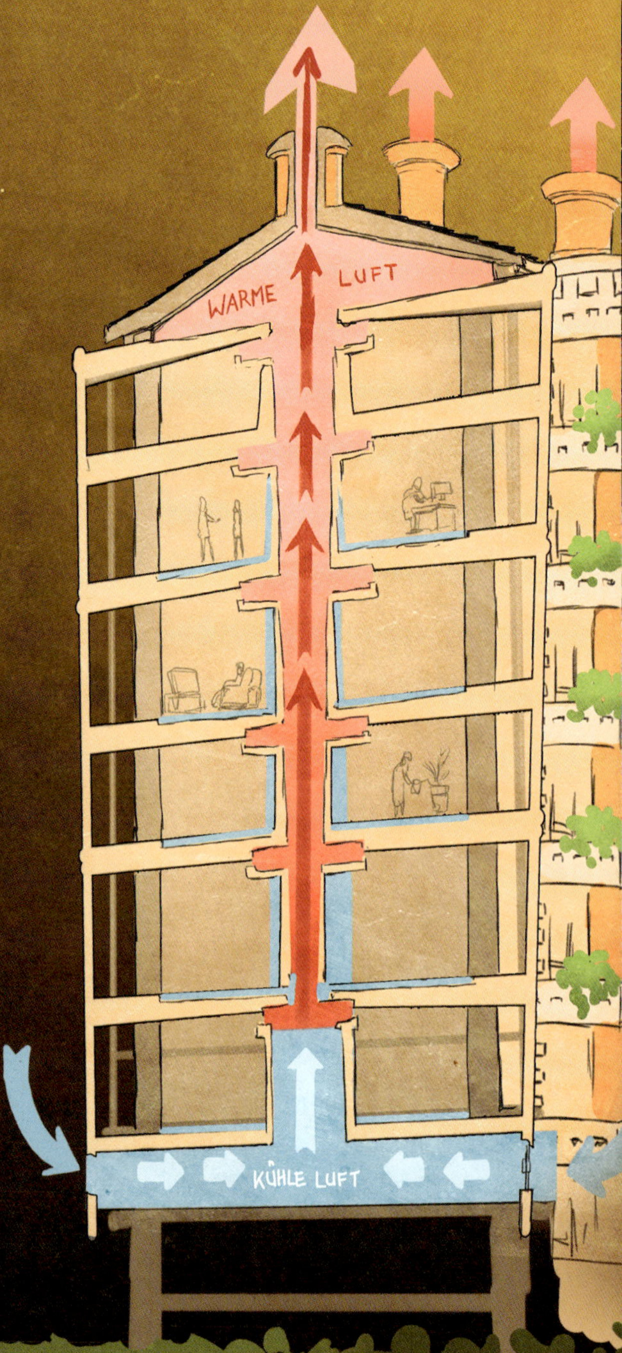

Natürlich gelüftet

Termiten leben in den heißesten Regionen der Erde, mit bis zu 45 °C untertags. Damit niemand im Termitennest vor Hitze umkippt, sind die Hügel mit einem Lüftungssystem ausgestattet. Über Kamine wird die warme, verbrauchte Luft hinaus- und kühle, frische Luft hineingeleitet. Die Kühlung passiert vor allem in der Nacht, wenn die Wüstentemperaturen stark absinken. Kann man mit diesem System genauso gut Häuser auf Idealtemperatur bringen? Der Architekt Mick Pearce wollte es ganz genau wissen. Er hat dort gebaut, wo auch Termiten bauen würden: mitten in der Hitze Afrikas. Sein Eastgate Building „atmet" über ein System aus unzähligen Kaminen, Ventilatoren und Lüftungsschlitzen. Diese kontrollierte Lüftung nach Termitenart sorgt für ein gleichbleibend angenehmes Raumklima – wie eine Klimaanlage, nur mit deutlich weniger Energiebedarf.

WARME LUFT

KÜHLE LUFT

Das „Wohlfühlklima" in einem Termitenhügel lässt sich übrigens sehr genau regulieren. Indem die Tiere einzelne Kamine schließen oder auch nur Poren im Nest abdichten, ändern sie gezielt die Strömungsrichtung der Luft in den Gängen.

Schlot auf, Schlot zu
wird's wärmer im Nu.
So baut die Termite:
Applaus für sie, bitte!
Wie überaus schlau,
thermometergenau.

Das Eastgate Building steht in Simbabwe und ist eine Kombination aus Einkaufszentrum und Bürogebäude. Seine sieben Stockwerke werden über 48 Kamine belüftet. Ergänzend tragen klein gehaltene Fenster, gemauerte Schattenspender und eine kühlende Fassadenbegrünung dazu bei, dass sich das Gebäude nie zu stark aufheizt.
Wo und wie ein Nest angelegt wird, hängt ganz von der Termitenart ab. Besonders eindrucksvoll sind ihre Hügel in Säulenform, die 7 m hoch werden können. Bei einem Durchmesser von bis zu 20 m kann so ein Bau schon mal 3 Millionen wuselnde Tiere beherbergen.
Der Luftaustausch funktioniert automatisch nach einem physikalischen Prinzip: Warme (verbrauchte) Luft steigt auf und strömt aus den oberen Kaminen. Von unten strömt kühle (frische) Luft nach.

PFEILSCHNELLE SCHWIMMER

DEN HAIEN NACHGEZISCHT | 24–25

Die Tiergruppe der Haie ist viel älter als die der Dinosaurier. Sie hat Jahrmillionen überlebt, ohne sich merklich zu verändern. So perfekt war und ist ihre Anpassung an Lebensraum und Lebensart. Der Hai gilt damit als „lebendes Fossil". Weil er heute noch aussieht wie seine Ur-ur-ur-...ahnen.

Ebenfalls seit Urzeiten perfekt:

PERLBOOT

QUASTENFLOSSER

SCHNABELTIER

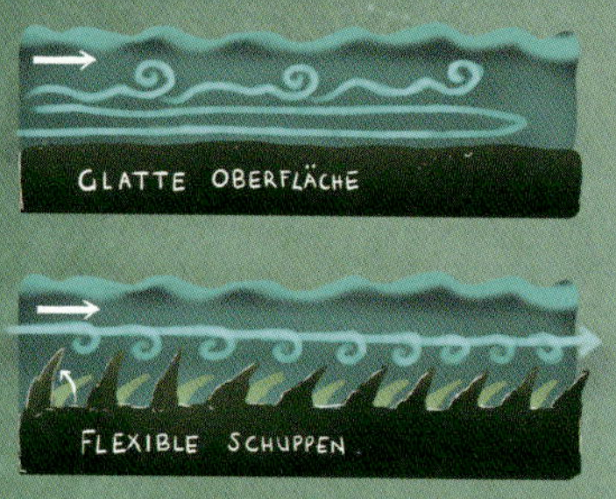

Widerstand unerwünscht

Als Jäger gehört der Hai zu den absoluten Schnellschwimmern. Kein Wunder, bei dem Körperbau! Die Haihaut setzt noch eins drauf: Sie wirkt zwar glatt, ist jedoch über und über mit winzigen Schuppen besetzt. Die Rillen darin leiten das Wasser direkt über den Hai. So kommt es kaum zu Wirbeln, die ihn bremsen würden.

Rillig gibt „Speed"

Das Prinzip „rillig ist schneller als glatt" funktioniert genauso in der Luft. Für Flugzeuge lässt es sich mit einer speziellen Folie nutzen. Ihre Rillenstruktur gibt der strömenden Luft den Weg vor und hilft, Treibstoff einzusparen. Die „Riblets" (englisch für: Rippchen) müssen allerdings mühsam von Hand geklebt werden. Praktischer wäre ein Lack, der beim Auftragen automatisch Rillen bildet. Boote sind bereits auf diese Weise beschichtet.

Rutschiger und flutschiger

Weniger Widerstand bedeutet nicht nur „schneller", sondern auch „leiser". Windräder laufen ruhiger, wenn man die Luft gezielt über sie lenkt. Und Gas gleitet besser über rillige Rohroberflächen. Außerdem beschleunigt der Haihaut-Effekt Surfbretter, Bobs oder (Motor-)Räder.

Kalifornischer Seelöwe: 40 km/h

Hai: 80 km/h

Fächerfisch: 110 km/h

Kleines Wettschwimmen

Schwertfisch: 100 km/h
Delfin: 90 km/h
Thunfisch: 80 km/h
Orca-Wal: 65 km/h
Barrakuda: 45 km/h
Eselspinguin: 36 km/h

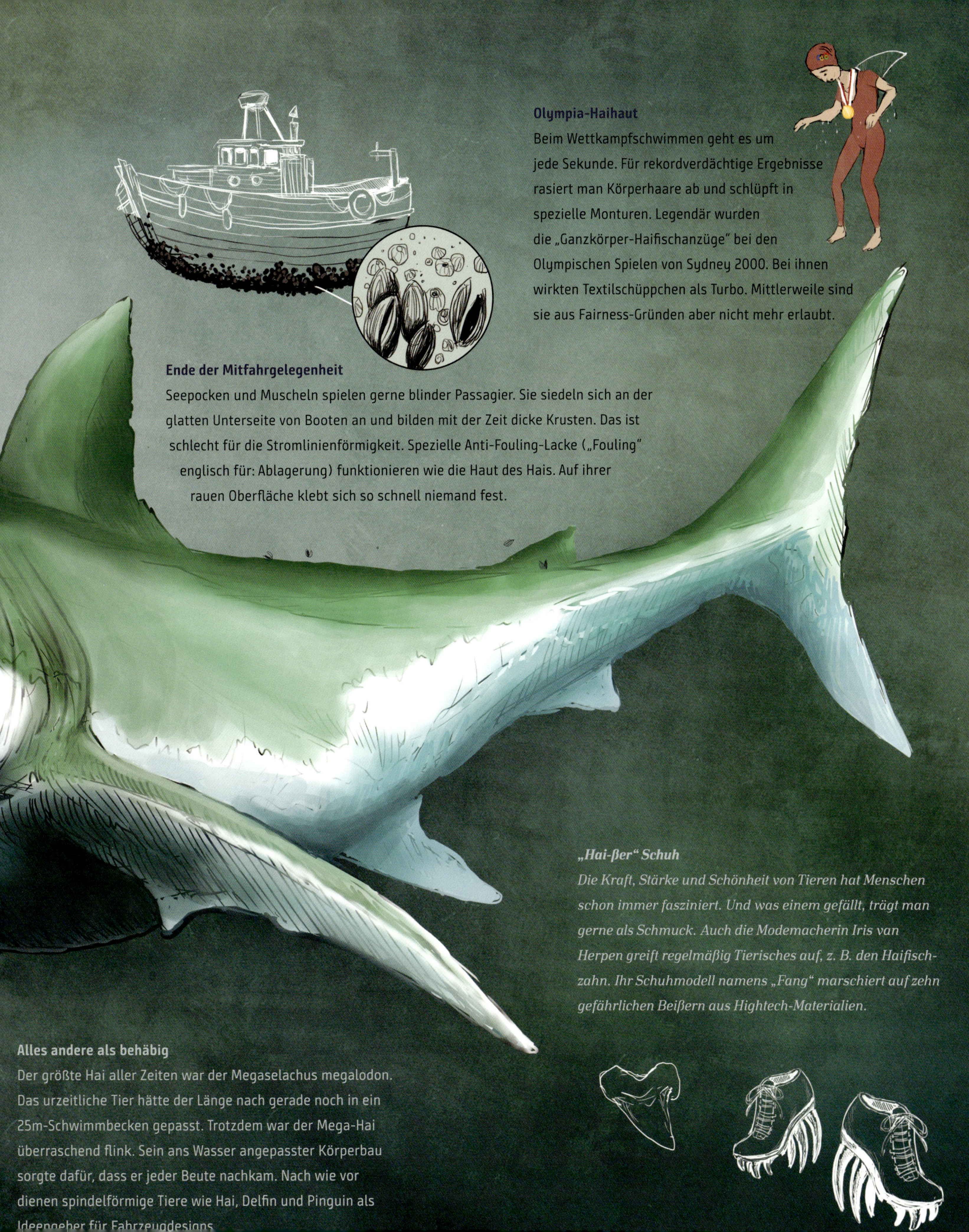

Olympia-Haihaut

Beim Wettkampfschwimmen geht es um jede Sekunde. Für rekordverdächtige Ergebnisse rasiert man Körperhaare ab und schlüpft in spezielle Monturen. Legendär wurden die „Ganzkörper-Haifischanzüge" bei den Olympischen Spielen von Sydney 2000. Bei ihnen wirkten Textilschüppchen als Turbo. Mittlerweile sind sie aus Fairness-Gründen aber nicht mehr erlaubt.

Ende der Mitfahrgelegenheit

Seepocken und Muscheln spielen gerne blinder Passagier. Sie siedeln sich an der glatten Unterseite von Booten an und bilden mit der Zeit dicke Krusten. Das ist schlecht für die Stromlinienförmigkeit. Spezielle Anti-Fouling-Lacke („Fouling" englisch für: Ablagerung) funktionieren wie die Haut des Hais. Auf ihrer rauen Oberfläche klebt sich so schnell niemand fest.

„Hai-ßer" Schuh

Die Kraft, Stärke und Schönheit von Tieren hat Menschen schon immer fasziniert. Und was einem gefällt, trägt man gerne als Schmuck. Auch die Modemacherin Iris van Herpen greift regelmäßig Tierisches auf, z. B. den Haifischzahn. Ihr Schuhmodell namens „Fang" marschiert auf zehn gefährlichen Beißern aus Hightech-Materialien.

Alles andere als behäbig

Der größte Hai aller Zeiten war der Megaselachus megalodon. Das urzeitliche Tier hätte der Länge nach gerade noch in ein 25m-Schwimmbecken gepasst. Trotzdem war der Mega-Hai überraschend flink. Sein ans Wasser angepasster Körperbau sorgte dafür, dass er jeder Beute nachkam. Nach wie vor dienen spindelförmige Tiere wie Hai, Delfin und Pinguin als Ideengeber für Fahrzeugdesigns.

FEINFÜHLIGE TIEFTAUCHER

DEN KRAKEN UND PERLBOOTEN NACHGETASTET | 26–27

Sie sind keine Fische, sondern Weichtiere. Sie heißen „Kopffüßer“, haben aber (Fang-)Arme. Und auch sonst trügt der Schein bei diesen fantastisch elastischen Tieren: Die zart wirkenden Kraken, Perlboote und Co halten ordentlich was aus. Das macht sie fit für die Jagd in großen Meerestiefen.

Softies mit Tiefgang

Wie alle Kopffüßer hat der Krake weder ein starres Skelett noch Gelenke. Er bewegt sich, indem er seine Muskeln ineinander verdreht. Dieses Bewegungsmuster wäre ideal für sanfte Roboter. Erste Krakenarme aus Kunststoffhaut, Metallfedern und Drähten gibt es bereits. Sie strecken sich und schrumpfen, versteifen und verdrehen sich, wenn Luft in sie eingepumpt wird. Derartige „Gummiarme“ könnten bei Rettungs- oder Pflegerobotern zum Einsatz kommen.

Bewegung durch Drehung: So funktioniert auch der Elefantenrüssel und die menschliche Zunge.

Auch sehr tintenfischig … hat jedoch mit seinen Saugnäpfen bionisch nichts zu tun. Nur das physikalische Prinzip dahinter ist dasselbe: Unterdruck!

Krake (Oktopus): 8 Arme

Schillernde Härte

Als einziger unter den Kopffüßern hat das Perlboot seine Schale behalten. Obwohl sie nur wenige Millimeter dünn ist, kann sie locker mit U-Booten aus Stahl mithalten. Ihr Erfolgsrezept ist seit Urzeiten erprobt und heißt „Perlmutt". Bei diesem Materialmix liegen winzige Kalkplättchen dicht an dicht in einem Bett aus Eiweiß- und Zuckerstoffen. Der Kalk ist fest, das Rundherum flexibel. Damit reißt die Schale nicht, selbst wenn hoher Druck auf sie einwirkt. Eine starke Lösung, auch für über Wasser: Eine fest-flexible Keramik nach Perlmutt-Bauart gibt es bereits für Fahrzeugrahmen. Bei Rennrädern könnte diese Keramik schon bald das neue Carbon sein.

Je tiefer im Wasser, desto höher der Druck: Nicht alle, die tauchen wollen, sind gleichermaßen dafür gemacht.

Am Patentamt um acht

Zisch! spritzt der Tintenfisch frische Tinte.
Kratz! krakeln krakeelende Kraken mit Tentakeln.
Flopp! ordnet der Oktopus Ordner (ohne Order von oben).
Tropf! kochen Kalmare kannenweise Salzkaffee.
Wumm! stempelt der Nautilus nonstop
Dokumente für patente Talente:
Angenommen – Abgelehnt
Ziemlich smart – Zurück zum Start
Brillant – Hirnverbrannt
Zisch! Kratz! Flopp! Tropf! Wumm!
Alle Arme voll zu tun.

FILIGRANE WUNDERWERKER

DEN KIESELALGEN UND STRAHLENTIERCHEN NACHGEZEICHNET | 28–29

Kieselalgen und Strahlentierchen (Radiolarien) sind Einzeller. Sie schwimmen in rauen Mengen in den Weltmeeren herum. Als Teil des Planktons sind sie ein gefundenes Fressen für alle, die kleine Happen lieben. Doch die Minis schützen sich: Sie tragen eine Art Rüstung, die nicht so leicht zu knacken ist.

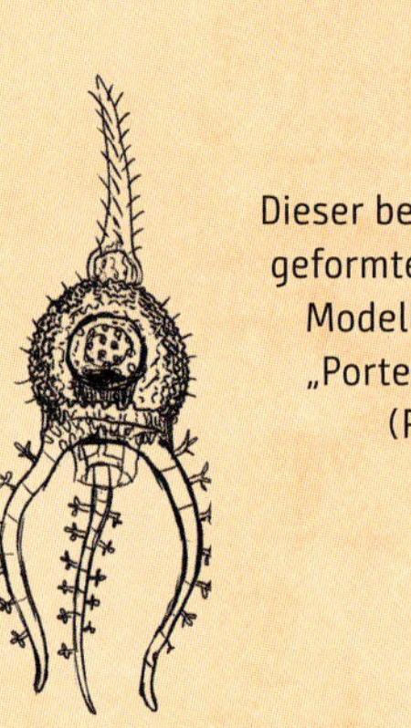

Dieser besonders kunstvoll geformten Winzling stand Modell für die Pariser „Porte Monumentale" (Riesentor).

Algen auf der Überholspur

Für eine Kieselalge steckt das Wasser voller Gefahren. Wogende Wellen, hungrige Mäuler – da darf man nicht zu zart gebaut sein. Aber auch nicht zu üppig, sonst geht man unter wie ein Stein. Bei Kieselalgen kommt die Stabilität von Verstrebungen und Rippen, Waben und Poren. Über sie wird Druck, der an einer Stelle einwirkt, auf das gesamte Gehäuse verteilt. Dieses Naturprinzip lässt sich in vielen Technikbereichen umsetzen. Zum Beispiel für noch bruchfestere Autofelgen oder für medizinische Schienen bei Knochenbrüchen. Sie stützen wie ein Gips, nur luftiger und leichter.

Das Wissen um den Bauplan der Radiolarien macht Autofelgen weniger schwer und trotzdem sicher.

Mit Hilfe der Zeichnungen von Ernst Haeckel und den statischen Kenntnissen von René Binet gelang der „Hingucker" für die Weltausstellung von 1900.

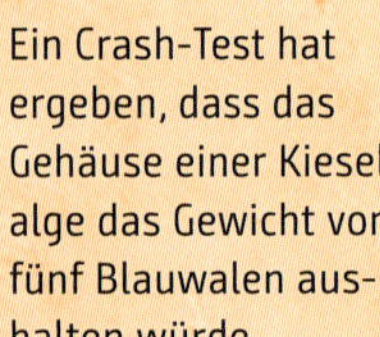

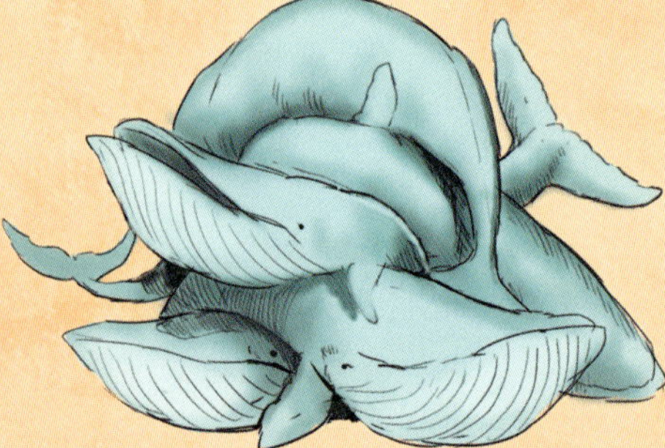

Ein Crash-Test hat ergeben, dass das Gehäuse einer Kieselalge das Gewicht von fünf Blauwalen aushalten würde.

So halten Kuppeln, Gewölbe und Bögen: Die Druckkraft von oben klemmt jeden Stein derart fest zwischen seinen Nachbarn ein, dass er nicht verrutschen kann.

Kuppeln konstruieren – (k)eine Kunst!

Ein Blick durchs Mikroskop zeigt: Strahlentierchen und Kieselalgen sind irgendetwas zwischen Tier, Pflanze – und Schmuckstück. Ihr empfindliches Inneres steckt nicht einfach in einem beliebigen harten Gehäuse. Die Hüllen aus Kieselsäure sind praktisch und prächtig zugleich. Ihre feinen Formen und Verzierungen begeisterten u. a. den Architekten René Binet. Er sollte das Eingangstor für die Pariser Weltausstellung von 1900 gestalten und baute kurzerhand ein Strahlentierchen im Riesenmaßstab. Die Konstruktion war gewagt, doch sie hielt bis zum Ende der Schau. Danach wurde die „Porte Monumentale" mit den anderen Ausstellungsgebäuden wieder abgetragen.

Allerreizendste Tierchen …

1899 veröffentlichte der Tierforscher und Maler Ernst Haeckel sein Buch „Kunstformen der Natur". Darin: Strahlentierchen in Hülle und Fülle. Ein Auge am Mikroskop, das zweite am Zeichenblatt, hatte er jedes Detail der „allerreizendsten Tierchen" (so der Meister selbst) festgehalten. Und damit nicht genug. Haeckel fand seine Kunstformen genauso gut in anderen Meeresbewohnern wie Schwämmen, Korallen, Quallen oder Seesternen – bevor er sich weiter an Land vorarbeitete.

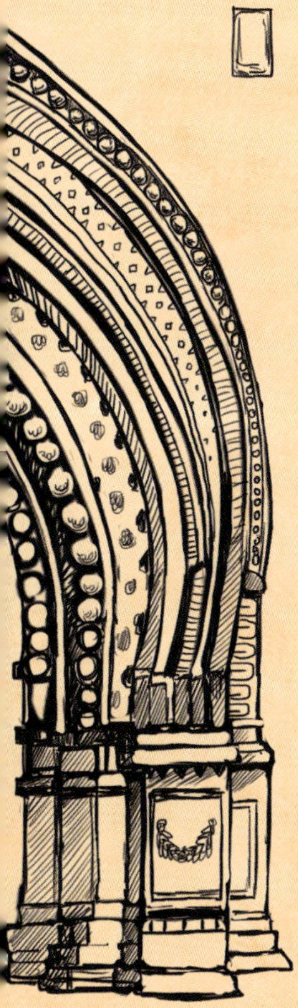

Kieselalgen und Strahlentierchen gibt es in (fast) allen Formen: Sie können rund sein oder oval, dreieckig, viereckig oder auch zylindrisch.

Zeichenstunde mit Ernst

Punkt, Punkt, Komma, Strich: Fertig ist das Mondgesicht!
Doch der Haeckel will es wissen, keinen Pieps will er vermissen.
Plankton hin, Plankton her, so ein Einzeller ist schwer
fest auf einem Blatt zu halten, mit seinen Schnörkeln, seinen Falten.
Dort ein Wirbel, dort ein Zwirbel. Dort ein Türmchen auf dem Würmchen.
Es ist tückisch und verrückt, was den Ernst so sehr entzückt.
Schenkt die Zeit dem Strahlentier. Das Ergebnis? Sieht man hier!

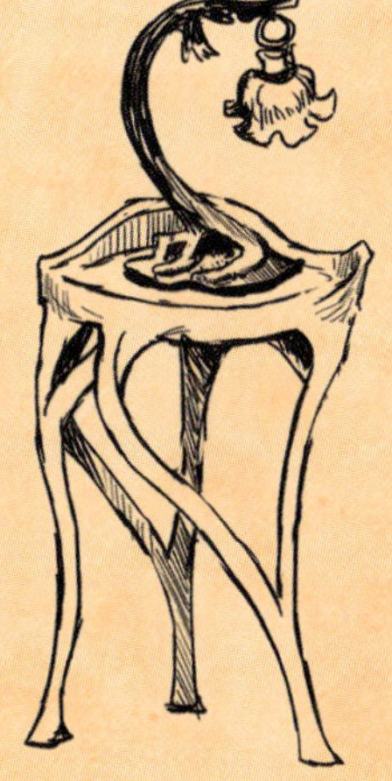

Aufwändig gestaltete Möbel und Lampen brachten im Jugendstil den Ideenreichtum der Natur ins Wohnzimmer.

… und ein naturverliebter Trend

Dass im Wissenschaftler Haeckel ein Künstler steckte, kam seinen Fans gerade recht. Es war die Epoche des Jugendstils und die Formensprache der Natur entsprechend angesagt. So wurden Haeckels Bildtafeln zur Anregung für Bauwerke und Kunstgegenstände. Zum Vorbild für die wahre Schönheit. Diese ist übrigens weniger Geschmackssache, als man glauben könnte, eher ein menschliches Grundbedürfnis. Die Sinne des Menschen sind so programmiert, dass sie immer und überall nach Regelmäßigkeit suchen. Wo sie zu finden ist, stimmt das Bauchgefühl.

Im 18. Jahrhundert starteten die ersten großen Forschungs- und Entdeckungsreisen. Reiche Herrenhäuser schickten wissenschaftliches Personal in ferne Länder, mit dem Auftrag, möglichst viel Neues und Unbekanntes für ihre Sammlungen nach Hause zu bringen. Oft waren darunter speziell ausgebildete Pflanzenjäger. Sie hielten Ausschau nach exotischen Gewächsen, mit denen die Adeligen in ihren Gärten, Glashäusern und Wunderkammern angeben konnten. Mitgenommen wurden ganze Pflanzen, Blätter, Blüten, Samen und Kerne – frisch, getrocknet oder gezeichnet. Auch der Naturforscher Alexander von Humboldt ließ sich bei aufwändigen Projekten gerne „sponsern". Seine berühmte Reise nach Südamerika wurde vom damaligen spanischen König finanziert.

PFLANZEN ALS BIONISCHE VORBILDER

Ein Forschergeist frohlockt

Eigentlich war Alexander von Humboldt ja ausgebildeter Gesteinskundler. Tatsächlich aber interessierte ihn so ziemlich alles in und an der Natur. Als Kind nannte man ihn den „kleinen Apotheker“, weil der er nichts lieber tat, als zu beobachten, einzuordnen und zu hinterfragen. Als erwachsener Forscher scheute er weder Kosten noch Gefahren – egal, ob in einer Taucherglocke auf dem Grund der Themse oder im Dschungel Südamerikas. Immer mit dabei: seine Messgeräte. Auf der ersten Forschungsreise schleppte er nicht weniger als 42 Stück davon mit.

Doch Alexander wollte die Welt nicht nur vermessen, er wollte auch die grundlegenden Zusammenhänge verstehen. So erstaunte ihn etwa, dass überall auf der Erde in ähnlichen Höhenlagen ähnliche Pflanzen wachsen. Solche Erkenntnisse hielt Alexander in leicht verständlichen „Naturgemälden“ und Büchern fest oder er erzählte sie bei Vorträgen, die regelrecht gestürmt wurden. Auf diese Weise begeisterte er zahlreiche Menschen für die Wunder der Natur.

„Überall geht ein frühes Ahnen dem späteren Wissen voraus.“

(Alexander von Humboldt)

GEFINKELTE LEBENSKÜNSTLERINNEN

DEN BLÄTTERN UND BLÜTEN NACHGERÜSTET | 32-33

Mit bestimmten Pflanzenteilen treibt die Natur einen besonderen Aufwand. So formt sie etwa Blätter und Blüten vor und verpackt sie gefaltet oder gewickelt in kompakte Knospen. Als Draufgabe gibt's für manches „Grünzeug" noch eine spezielle Oberfläche oder andere Sonderausstattungen, die es jederzeit in Bestform halten.

Blatt der Bananenstaude

Nur keinen Durchhänger

Pflanzen holen sich ihre Energie über die Blätter. Je mehr Oberfläche sie der Sonne entgegenstrecken und je steifer diese ist, desto satter werden sie. Gleichzeitig sollte das Blattwerk aber möglichst leicht sein. Die Lösung: knicken und falten. Die Blätter von Palmen und Bananenstauden zeigen es vor. Ihr Prinzip „gefaltet = leicht und trotzdem stabil" findet man bei Verpackungen wieder. Konservendosen sind oft aus Wellblech, Plastikflaschen mit Rillen geformt, um sie vor dem Verbeulen zu schützen. Besonders tragfähig wird der Knick-Trick, wenn die Faltung mit glatten Deckeln verbunden wird. Ein „Sandwich" wie das der Wellpappe hält deutlich mehr aus als seine Einzelteile.

Chinesische Hanfpalme

Ähnlich geht's mit einem Blatt Papier: Zick-Zack gefaltet wird es zu einer stabilen Brücke.

Da staunte die Welt

Joseph Paxton träumte schon lange von einem Prachtbau: groß wie zwölf Fußballfelder, mit viel Glas und wenig Gusseisen. Die Anleitung dazu fand er, als er seine Tochter Annie auf eine Wasserpflanze stellte. Die Seerose Victoria amazonica versteift ihre Blätter nämlich mit unzähligen Rippen und Querstreben auf der Unterseite. Paxton verwendete eine ähnliche Gitterstruktur als Skelett für seinen „Crystal Palace" (Kristallpalast). Damit wurde er zum Star der Londoner Weltausstellung 1851 und zum Vorreiter für andere Glasbauten wie das Schönbrunner Palmenhaus in Wien. Paxtons Kristallpalast hingegen ist nicht mehr zu besichtigen. Er fiel 1936 einem Brand zum Opfer.

Die Victoria amazonica trägt sogar Erwachsene. Das Blatt muss nur ausladend genug sein.

Rippen und Querstreben bringen Stabilität – beim Seerosenblatt genauso wie beim „Crystal Palace".

Eine blühende Fantasie

Die Paradiesvogelblume (Strelitzie) braucht Vögel als Bestäuber. Dafür gibt es einen klugen Klappmechanismus. Die Blüte bietet eine „Sitzstange" aus ineinander verwachsenen Blütenblättern an. Landet ein Vogel, macht sie komplett auf und präsentiert das Pollen-Buffet. Ähnlich einfach und reibungslos funktioniert ein neuer Schattenspender für Fassaden. Normalerweise haben Sonnensegel & Co viele Gelenke und Scharniere, die kaputtgehen können. Die Beschattung nach Vorbild der Paradiesvogelblume funktioniert mit einem biegsamen Kunststoffstab.

Die Blütenblätter der Strelitzie klappen bei Druck zur Seite auf.

Dieses Prinzip lässt sich mit einem biegsamen Stab nachahmen.

Bei der Weltausstellung von 2012 in Südkorea präsentierte sich das Gastgeberland mit einem bionisch beschatteten Pavillon. Das Lamellensystem namens „Flectofin" (etwa: flexible Flosse) lässt sich je nach Sonnenstand stufenlos öffnen und schließen.

In einem Aufwaschen

Weil saubere Blätter mehr Sonne tanken, haben manche Pflanzen eine Wachsschicht entwickelt. Sie sitzt in kleinen Noppen auf der Blattoberfläche. Tropft Wasser auf die Blätter, perlt es ab und nimmt Staub und Erde mit. Einen solchen selbstreinigenden Effekt findet man zum Beispiel bei Kohlrabi, Kohl, Kapuzinerkresse oder Klee. Benannt ist er jedoch nach der Lotus-Pflanze, die für ihre Reinheit verehrt wird. An sie angelehnte Beschichtungen werden überall dort verwendet, wo Putzen unmöglich oder unpraktisch ist: etwa bei Außenwandfarben, Dachziegeln, Verkehrsschildern und Outdoor-Textilien.

Der Lotus-Effekt: Eine Beschichtung mit Wachsnoppen macht die Blattoberschicht wasserabweisend (hydrophob). Wenn Wasser auf sie auftrifft, formt es „Perlen", die gemeinsam mit dem Schmutz hinunterrollen.

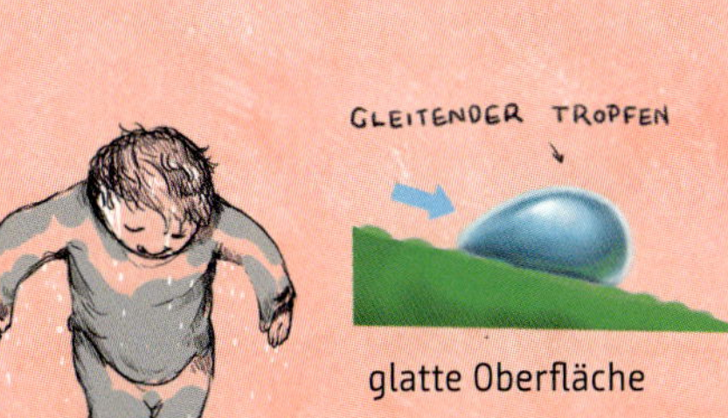

glatte Oberfläche

strukturierte Oberfläche

Rutschen und flutschen

Eine besondere Art der Antihaft-Beschichtung nutzt die fleischfressende Kannenpflanze. Um leckere Insekten einzukassieren, sind die Ränder ihrer Blütenkelche mit superfeinen Rillen versehen. Wasser bildet darauf einen rutschigen Film, ähnlich wie beim Aquaplaning auf nassen Straßen. Diese Kannenpflanzen-Strategie könnte medizinische Untersuchungen verbessern: Denn beim Arbeiten mit Mini-Kameras im Inneren des Körpers verschmiert sich zwangsweise die Sicht. Die Kamera muss also immer wieder herausgezogen, gereinigt und wieder eingefädelt werden. Macht man die Oberfläche rauer, „rutschen" Beläge wie Blut oder Eiweiß einfach ab. Die Linse bleibt länger sauber und die Zahl der Putzunterbrechungen sinkt.

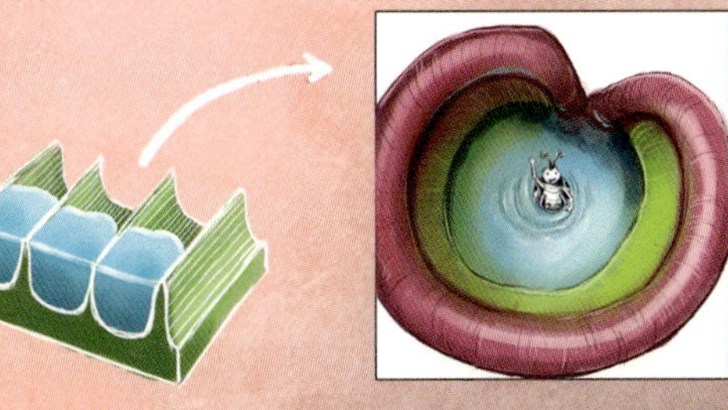

Durch die rilligen Kanäle wird jeder noch so zarte Tau- oder Regentropfen zu einem rutschigen Film. Wer hier den Halt verliert, landet auf direktem Weg im „Pflanzenmagen".

FLEISSIGE VERBREITERINNEN

DEN SAMEN UND FRÜCHTEN NACHGEREIST | 34–35

Um ihren Nachkommen frischen und freien Lebensraum zu sichern, schicken Mutterpflanzen ihre Samen auf die Reise. Sie schleudern sie aktiv von sich, lassen sie von Wind und Wasser vertragen oder von Tier und Mensch transportieren. Zur Art der Verbreitung passt naturgemäß die Verpackung.

Abheben mit Igo und Franz Xaver

Der große Traum vom Menschenflug lag mit dem tödlichen Absturz von Otto Lilienthal 1896 nur kurz auf dem Boden. Ein junger Mann namens Ignaz („Igo") Etrich kaufte den angestaubten Normalsegelapparat und wiederholte den Versuch eines ausgedehnten Gleitflugs. Er scheiterte – doch ausreichend glimpflich, um sein Fluggerät von Grund auf zu überdenken. Dabei holte er sich Unterstützung: eine Schar Flughunde und den erfahrenen Testpiloten Franz Xaver Wels. Doch weder das Vermessen von Flügelspannweiten noch das Tüfteln am Gewicht und seiner Verteilung brachte die beiden weiter.

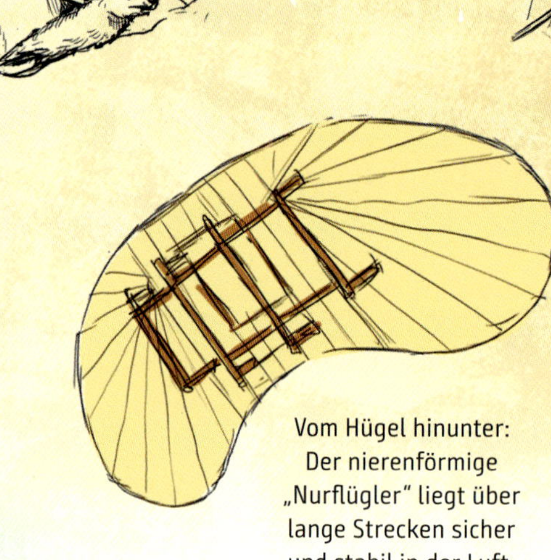

Vom Hügel hinunter: Der nierenförmige „Nurflügler" liegt über lange Strecken sicher und stabil in der Luft.

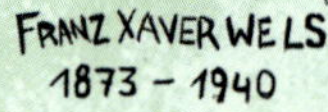

Vom Flughund zum Flugsamen ...

So richtig voran ging's erst dank Friedrich Ahlborn. Der wunderte sich in seinen Schriften, warum niemand Gleiter nach dem Vorbild des Zanonia-Samens baute. Wo dieser doch von alleine kilometerweit durch den Urwald schwebt! Igo und Franz Xaver luchsten Ahlborn einige „Zanonias" ab und übertrugen die Samen-Eigenschaften auf ihren Gleiter. Aus der Flughaut leiteten sie dünne, leicht gewölbte Tragflächen ab.
Die Maße dafür rechneten sie hoch: aus dem Verhältnis zwischen Samengewicht und Flughaut-Spannweite.

Etrichs Eselsbrücke:

Der Apfel fällt nicht weit vom Stamm,
Zanonia schafft's weiter.
Drum ist das kecke Kürbiskind
Bionik-Wegbereiter.

Das kletternde Kürbisgewächs „Macrozanonia macrocarpa" (heute: „Alsomitra macrocarpa") ist in den Inselwäldern Indonesiens zu Hause. Da dort kaum Wind weht, müssen die Samen extrem flugfähig sein.

Aus der aufgesprungenen Kürbisfrucht starten die Samen ihren Langstreckenflug. Sie haben eine Spannweite von bis zu 20 cm und sind etwa 0,2 g schwer.

Hinauf in die Lüfte: Die motorisierte Etrich-Taube braucht zusätzliche Bauteile, um keine Bauchlandung hinzulegen.

Beim Gleitflug spielen Flügelspannweite, Gesamtgewicht und Gewichtsverteilung zusammen.

... und zurück zum Flattertier

Der Jungfernflug 1905 war ein Triumph. Der „Nurflügler" blieb sicher in der Luft und ließ sich sogar steuern, indem der Pilot sein Gewicht verlagerte. An dieser Stelle hätte sich Igo Etrich zufrieden zurücklehnen können. Tat er aber nicht. Er peppte seinen Gleiter mit einem Motor auf, was die Konstruktion wieder aus dem Gleichgewicht brachte. Das Strudeln hatte erst ein Ende, als die zusätzlichen Kilos durch ein Rumpf- und ein Schwanzteil ausbalanciert wurden. Die „Etrich-Taube" war geboren. Sie erflog massenhaft Rekorde und machte Österreich zu einer berühmten Flugnation.

Patent mit Pfeffer und Salz

Raoul Heinrich Francé hatte ein Problem. Er wollte Kleinstlebewesen auf einem Acker ausbringen und schauen, was sie mit dem Boden anstellen. Das Verteilen sollte schnell und vor allem gleichmäßig gehen. Finger und Pinzette war also keine Option. Bei der Mohnkapsel fand Francé, was er suchte: Sind die Samen darin reif, rieseln sie fein durch die Löcher am Kapselrand. Francé legte dieses Prinzip auf einen Streuer um, der genauso für Salz, Puder und medizinische Zwecke geeignet war – und ist.

Der Streuer: das allererste bionische Patent (1920)

Formstabile Früchtchen

Kokosnuss, Walnuss und Pampelmus: Die drei sind top beim Verpacken ihrer Samen. Die Nüsse bilden eine extrem harte Schale, die vor Stößen bewahrt. Ihr genauer Bauplan wurde bereits auf neue Materialien übertragen und verbessert Helme und andere Schutzausrüstungen. Was jetzt noch fehlt, ist ein elastisches Innenfutter anstatt des gängigen Styropors. Hier ist die Grapefruitfrucht Pomelo eine tolle Anregung. Sie umhüllt ihr Fruchtfleisch mit einem stoßdämpfenden Schaum. Eine solche „Pomelo-Ausrüstung" würde Druck sanfter weiterleiten als eine starre Masse. Die Materialwissenschaften sind noch am Forschen.

Ritsch-ratsch

Samen kennen die unterschiedlichsten Transportmittel: Sie propellern durch die Luft, reisen im Darm von naschhaften Tieren und Menschen oder heften sich mit Stacheln, Haken und Haaren auf Fell und Kleidung. Bei letzteren war die Hündin Milka wohl besonders beliebt. Ihr Herrchen George de Mestral fragte sich, wie sich Kletten so gut anhaften und ohne Schaden wieder ablösen. Im Mikroskop entdeckte er dichte Widerhäkchen. Er bildete sie auf einem Stoffstreifen nach und versah einen zweiten mit winzigen Schlaufen. Der Klettverschluss war erfunden.

Der „Klett" hielt zunächst Astronauten-Krimskrams an Ort und Stelle. Inzwischen ist er beinahe überall zu finden.

STANDHAFTE KRAFTPAKETE

Bäume, Sträucher und Gräser müssen anpassungsfähig sein. Schließlich können Pflanzen ihren Standort nicht frei wählen oder gar wechseln. Sie wachsen, wie es ihnen am besten möglich ist: mal mehr in die Höhe, mal mehr in die Breite, mal kerzengerade, mal komplett krumm.

Kathedralen im Wald

Die Wurzeln im Boden, die Äste im Himmel: Ein Baum kann über 100 m hoch werden. Gleichzeitig machen ihn seine 800.000 Blätter bzw. 15 Millionen Nadeln ordentlich kopfschwer. Eine besondere Form sorgt dafür, dass er nicht unter seiner eigenen Last zusammenbricht. Bäume sind unten nämlich stark und stämmig angelegt. Nach oben hin werden sie schmäler und biegsamer, bevor sich der Stamm schließlich in einzelne Äste verzweigt. Gotische Kathedralen sind ähnlich gebaut. Dort wird das Gewicht der Kuppeln und Glasfenster über Pfeiler aus Stein abgeleitet. Letztendlich ruht es auf dem Fundament, dem „Wurzelbereich" des Bauwerks. Diese Kraftlinienarchitektur war den Menschen im Mittelalter bereits bewusst. Sie betrachteten Kirchen als in Stein errichtete Wälder.

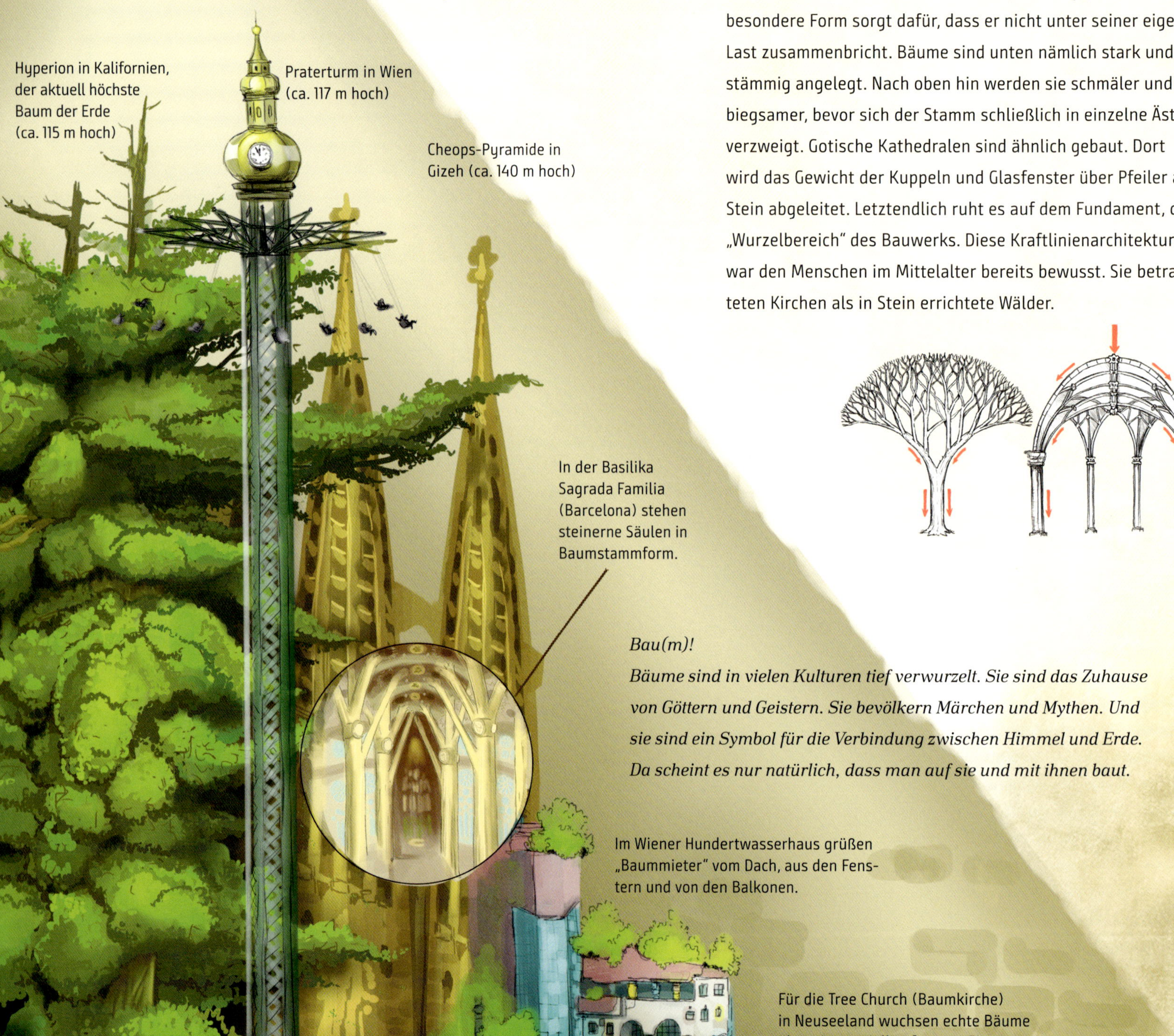

Hyperion in Kalifornien, der aktuell höchste Baum der Erde (ca. 115 m hoch)

Praterturm in Wien (ca. 117 m hoch)

Cheops-Pyramide in Gizeh (ca. 140 m hoch)

In der Basilika Sagrada Familia (Barcelona) stehen steinerne Säulen in Baumstammform.

Bau(m)!

Bäume sind in vielen Kulturen tief verwurzelt. Sie sind das Zuhause von Göttern und Geistern. Sie bevölkern Märchen und Mythen. Und sie sind ein Symbol für die Verbindung zwischen Himmel und Erde. Da scheint es nur natürlich, dass man auf sie und mit ihnen baut.

Im Wiener Hundertwasserhaus grüßen „Baummieter" vom Dach, aus den Fenstern und von den Balkonen.

Für die Tree Church (Baumkirche) in Neuseeland wachsen echte Bäume über ein speziell geformtes Eisengerüst.

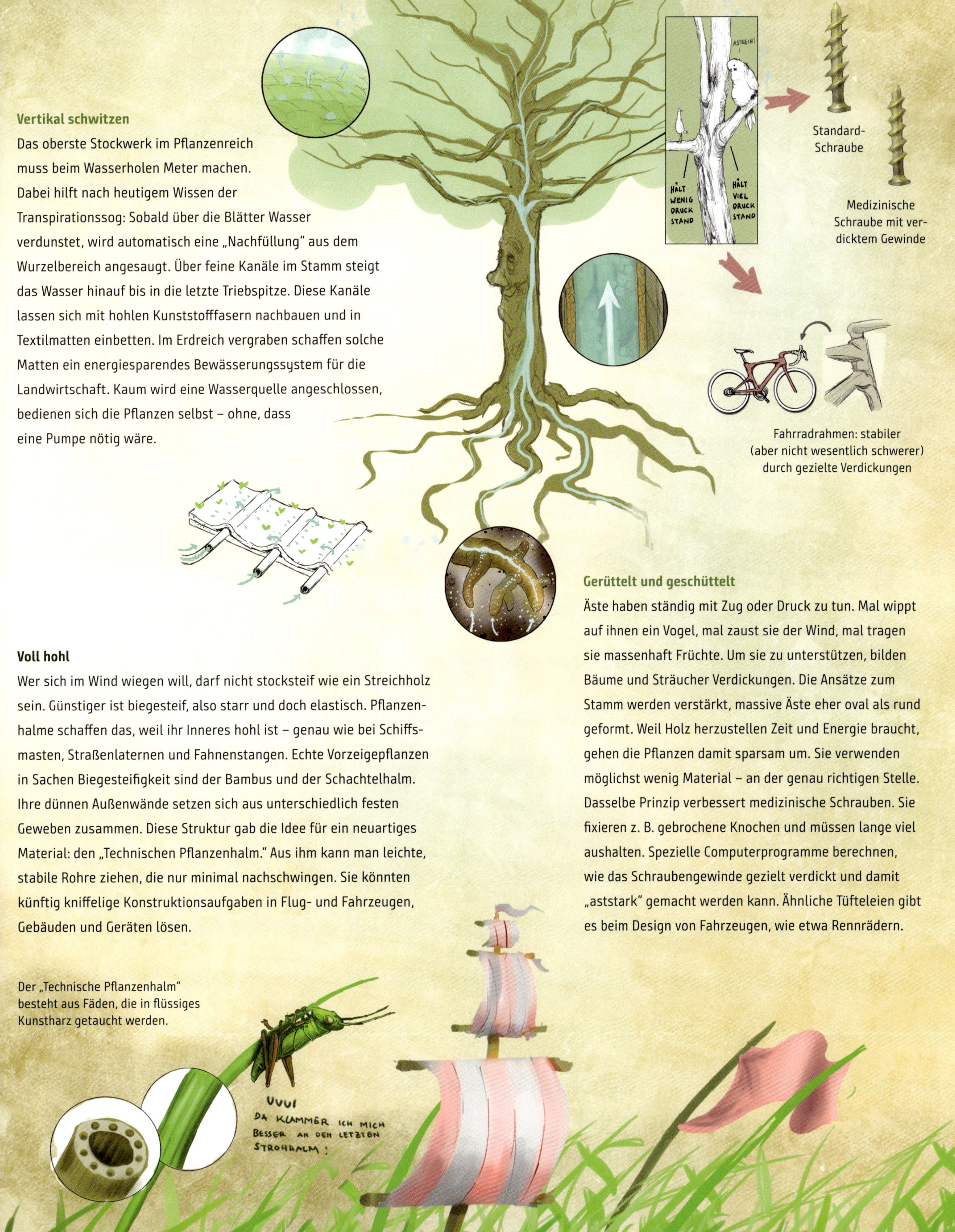

Standard-Schraube

Medizinische Schraube mit verdicktem Gewinde

Fahrradrahmen: stabiler (aber nicht wesentlich schwerer) durch gezielte Verdickungen

Der „Technische Pflanzenhalm" besteht aus Fäden, die in flüssiges Kunstharz getaucht werden.

Vertikal schwitzen

Das oberste Stockwerk im Pflanzenreich muss beim Wasserholen Meter machen. Dabei hilft nach heutigem Wissen der Transpirationssog: Sobald über die Blätter Wasser verdunstet, wird automatisch eine „Nachfüllung" aus dem Wurzelbereich angesaugt. Über feine Kanäle im Stamm steigt das Wasser hinauf bis in die letzte Triebspitze. Diese Kanäle lassen sich mit hohlen Kunststofffasern nachbauen und in Textilmatten einbetten. Im Erdreich vergraben schaffen solche Matten ein energiesparendes Bewässerungssystem für die Landwirtschaft. Kaum wird eine Wasserquelle angeschlossen, bedienen sich die Pflanzen selbst – ohne, dass eine Pumpe nötig wäre.

Voll hohl

Wer sich im Wind wiegen will, darf nicht stocksteif wie ein Streichholz sein. Günstiger ist biegesteif, also starr und doch elastisch. Pflanzenhalme schaffen das, weil ihr Inneres hohl ist – genau wie bei Schiffsmasten, Straßenlaternen und Fahnenstangen. Echte Vorzeigepflanzen in Sachen Biegesteifigkeit sind der Bambus und der Schachtelhalm. Ihre dünnen Außenwände setzen sich aus unterschiedlich festen Geweben zusammen. Diese Struktur gab die Idee für ein neuartiges Material: den „Technischen Pflanzenhalm." Aus ihm kann man leichte, stabile Rohre ziehen, die nur minimal nachschwingen. Sie könnten künftig kniffelige Konstruktionsaufgaben in Flug- und Fahrzeugen, Gebäuden und Geräten lösen.

Gerüttelt und geschüttelt

Äste haben ständig mit Zug oder Druck zu tun. Mal wippt auf ihnen ein Vogel, mal zaust sie der Wind, mal tragen sie massenhaft Früchte. Um sie zu unterstützen, bilden Bäume und Sträucher Verdickungen. Die Ansätze zum Stamm werden verstärkt, massive Äste eher oval als rund geformt. Weil Holz herzustellen Zeit und Energie braucht, gehen die Pflanzen damit sparsam um. Sie verwenden möglichst wenig Material – an der genau richtigen Stelle. Dasselbe Prinzip verbessert medizinische Schrauben. Sie fixieren z. B. gebrochene Knochen und müssen lange viel aushalten. Spezielle Computerprogramme berechnen, wie das Schraubengewinde gezielt verdickt und damit „aststark" gemacht werden kann. Ähnliche Tüfteleien gibt es beim Design von Fahrzeugen, wie etwa Rennrädern.

ZIELSTREBIGE VERSORGERINNEN

DEN (LUFT-)WURZELN NACHGESPÜRT | 38–39

Wurzeln findet man im Boden genauso wie in luftigen Höhen. Während sich die einen durchs Erdreich bohren, um ihrer Pflanze festen Halt, Wasser und Nährstoffe zu sichern, erledigen Luftwurzeln diese Aufgaben lieber oberirdisch. Sozusagen beim Abhängen.

Grüne Übernahme

Von unten nach oben wachsen ist nichts für „Aufsitzerpflanzen“. Die Epiphyten (griechisch für: auf einer Pflanze drauf) machen es genau umgekehrt. Sie sprießen in den Baumkronen des Regenwalds. Von dort lassen sie ihre Luftwurzeln frei schwingen oder schicken sie gezielt in Richtung Erde. Eine solche Aufsitzerpflanze ist die Würgfeige. Ihr Name kommt nicht von ungefähr: Mit der Zeit verdicken sich ihre Wurzeln nämlich zu holzigen Stämmen, die den besetzten Baum einschnüren. Gleichzeitig wird ihr Blätterdach immer dichter. Wer das als Baum nicht verträgt, an den erinnert später lediglich ein kühler Hohlraum unter wildem Grün. Sehr kühn gedacht könnte man Würgfeigen also zum Häuserbauen nutzen. Auf eine Art Aufblashaus gepflanzt würden sie nach Herzenslust wuchern und würgen, bis das „Bauvorhaben“ beendet ist.

Frei schwingende Wurzeln sind eine beliebte „Luftbrücke“ für Affen. Man findet sie bei tropischen Gewächsen, die hierzulande als Zimmerpflanzen leben, etwa beim Philodendron oder bei Orchideen. Mit den oft zitierten Lianen hingegen ist schlecht schaukeln. Sie sind Kletterpflanzen und wachsen von unten nach oben.

Waldinternet

Von Waldbäumen weiß man, dass sich über ein Geflecht von Pilzfäden zu einem Kommunikations-Netzwerk zusammenschließen. Über dieses „Wood Wide Web“ (Waldweites Netz) warnen sie einander vor Trockenheit oder Schädlingen und stimmen ihre Samenproduktion aufeinander ab. Wie genau diese Informationen ausgetauscht werden, wird gerade erforscht.

Roboterpflanze, Pflanzenroboter

Wurzeln „wurzeln" nicht planlos vor sich hin. Ihr Ziel ist, die jeweils beste Umgebung für sich zu finden. Dafür tasten sie sich langsam voran und ändern auch mal die Richtung. Aus diesen Erkenntnissen heraus hat ein Forschungsteam künstliche Wurzeln entwickelt. Frisch aus dem 3D-Drucker versuchen sie, ihren Vorbildern nachzuschlängeln. Dabei sollen die Robo-Wurzeln Daten sammeln. Aus dem Material will man etwas über ihre Orientierung lernen, z. B. um medizinische Untersuchungskameras exakter steuern zu können. Momentan werden diese noch händisch durchs Körperinnere bewegt. Würden sie sich wie Wurzeln automatisch vorwärtsarbeiten, wäre das eine weitaus schonendere Methode.

Stehen wie angewurzelt

Wer sich breitmachen will, braucht ein ordentliches Kellergeschoß. Darum sind die Wurzeln eines Baumes ungefähr so ausladend wie seine Krone. Zusätzlich sorgt das Erdgeschoß – der Wurzelfuß – für festen Halt. Seine Stärke und Form hängen mit dem Untergrund zusammen. Je lockerer oder dünner die Bodenschicht, desto knubbeliger der Wurzelfuß. Urwaldriesen bilden regelrechte Plattformen, um sich in dem wenigen zu verankern, was an Humus vorhanden ist. Dieses „Brettwurzel"-Prinzip wird beim Montieren von Strommasten und Straßenlaternen angewendet.

Stützwurzel: Richtig Arbeit gibt es, wenn sich die Baumkrone nach einer Seite neigt. Dann werden aus Holzmasse zusätzlich Wurzeln an der Oberfläche gebildet und der Stamm abgesichert.

Hier sorgen „Brettwurzeln" aus Stahl für guten Halt.

Bevor es Museen gab, war das Sammeln „staunenswerter Gegenstände" ein Privatvergnügen, vor allem von wohlhabenden Menschen. Ab dem 17. Jahrhundert war eine solche „Wunderkammer" praktisch Pflicht, wenn man zeigen wollte, wie gebildet und mächtig man war. Gesammelt wurde damals alles Mögliche aus der Natur, Hauptsache es ging als besonders und einzigartig durch.

Die zahlreichen Forschungs- und Entdeckungsreisen lieferten dafür reichlich Material. Neben Tieren und Pflanzen mussten es unbedingt auch Steine sein: Erze, Farbstoffe, verschiedene Sande, Mineralien und Versteinerungen. Unter die vorwiegend männlichen Sammler mischten sich nur wenige Frauen, eine davon war Maria Leopoldine von Österreich.

KRISTALLE ALS BIONISCHE VORBILDER

Eine Herzogin holt das Beste raus

Eigentlich war Maria Leopoldine Josepha Caroline ja Erzherzogin von Österreich und spätere Kaiserin von Brasilien. Nur reizte sie das Begreifen der Natur mindestens genauso wie das Regieren. Für eine Frau des 19. Jahrhunderts war das sehr ungewöhnlich. Wissenschaft und Forschung lagen damals noch fest in männlicher Hand. Doch Leopoldines Vater unterstützte die Leidenschaft seiner Tochter.
Er stellte ihr Lehrer zur Seite, die sie in Chemie, Physik und Astronomie unterrichteten. Außerdem schenkte er ihr ein „Mineralien-Starterinnen-Set" und eine Art Mikroskop. Spätestens damit war Leopoldines Faszination für Steine geweckt. Als sie 1817 zum Heiraten nach Brasilien geschickt wurde, machte sie aus der Brautreise kurzerhand eine Expedition. In der neuen Heimat trug sie kistenweise Material zusammen und schickte es nach Wien. Heute finden sich Teile davon im Naturhistorischen Museum wieder.

„Leopoldine wird auf einen der größten Throne der Welt kommen; da kann sie recht botanisieren und Mineralien sammeln.“

(Leopoldines Onkel Ludwig)

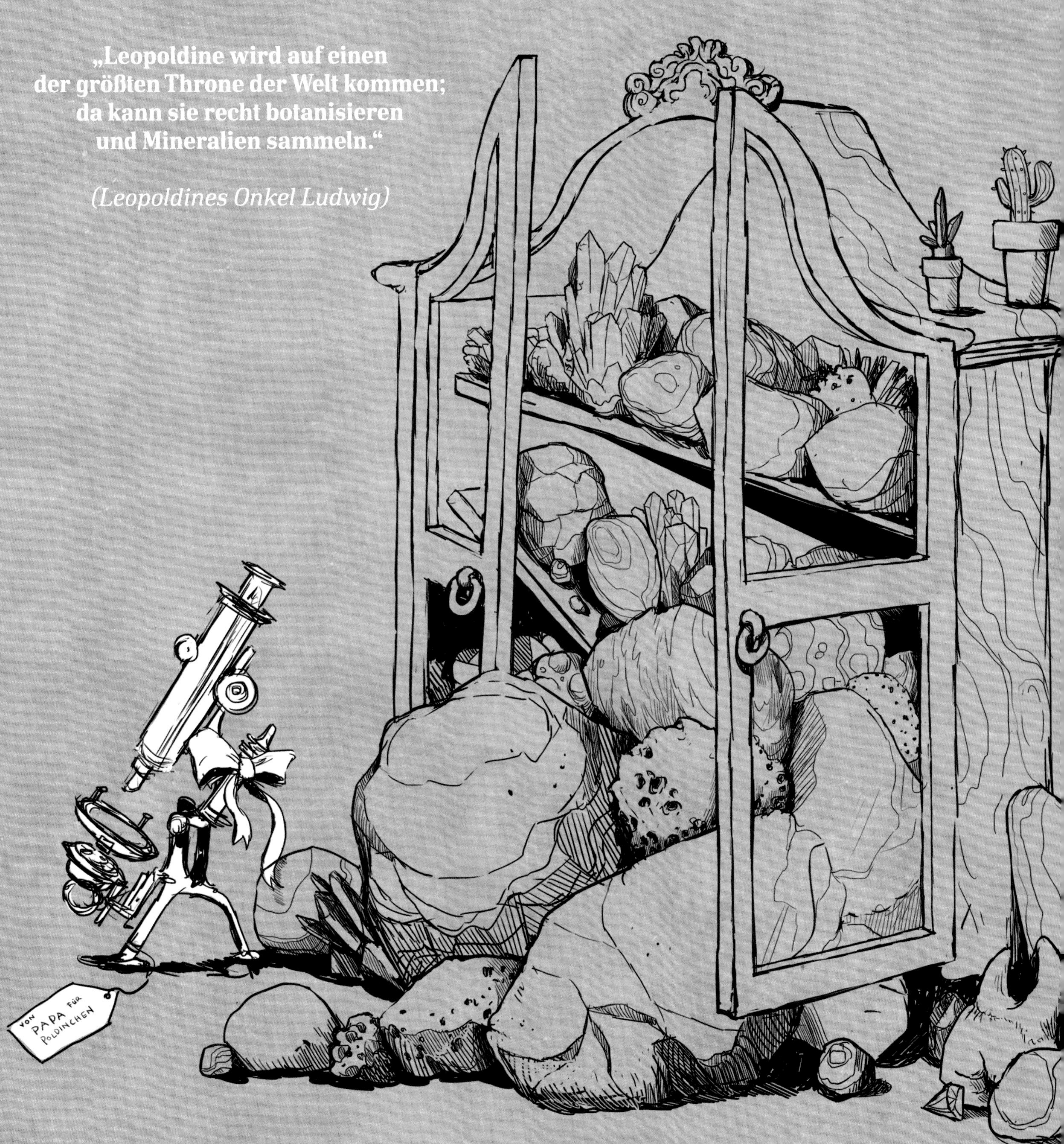

BRILLANTE IDEENGEBER

DEN KRISTALLEN NACHGEORDNET | 42–43

Mineral: ein auf natürliche Weise gebildeter Kristall, z. B. Gold, Gips, Salz

Mineralien sind keine klassische Inspiration für die Bionik, weil sie als unbelebt gelten. Ihnen fehlt sozusagen das „Bio-". Dennoch liefern ihre klaren Kristallstrukturen wertvolle Anregungen für die Technik. Sie lassen sich im Labor künstlich nachbauen und je nach Wunsch erweitern.

Kristall: ein Stoff mit sehr regelmäßig angeordneten Teilchen (Atomen); kann auch künstlich (synthetisch) hergestellt werden

Edelstein: ein Mineral, das durchsichtig, hart und sehr selten ist

Gestein: eine Mischung aus mehreren Mineralien (Granit besteht z. B. aus Feldspat, Quarz und Glimmer)

Links die „aufgeräumten" Teilchen eines Kristalls, rechts die unregelmäßige Anordnung in anderen natürlichen Feststoffen wie z. B. Obsidian (vulkanisches Glas).

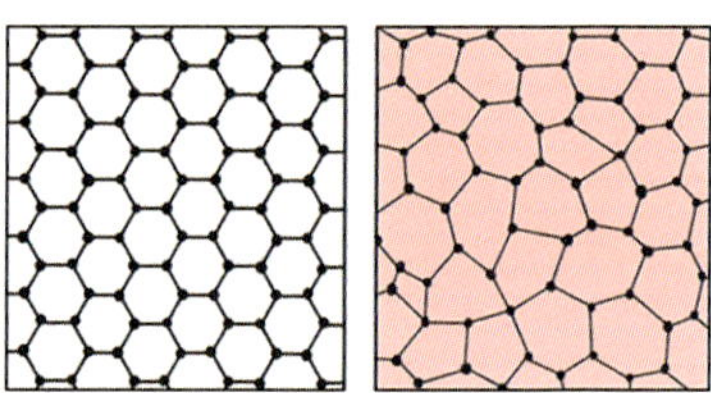

Leiten und lenken

Kristalle reagieren unterschiedlich auf Licht. Manche saugen es regelrecht auf, wodurch sie stumpf und matt wirken (Absorption). Andere lassen es durch und erscheinen damit transparent (Transmission). Dieser vielfältige Umgang mit Licht findet sich in „kristallonischen" Entwicklungen wieder.

Der oft farblose, transparente **Calcit** kann, was viele Mineralien können – allerdings besonders gut: die Doppelbrechung. Das heißt, er teilt einen Lichtstrahl in zwei. Deswegen sieht man beim Durchschauen durch einen Calcit alles doppelt. Je nachdem, wie er gedreht wird, sind beide Strahlen gleich oder unterschiedlich stark zu sehen. Dieser Effekt war Vorbild für Sonnenbrillen und Kameras. Ausgestattet mit sogenannten Polarisationsfiltern aus synthetischen Mini-Kristallen lassen sie reflektiertes Licht nicht durch, „normales" Umgebungslicht aber schon.

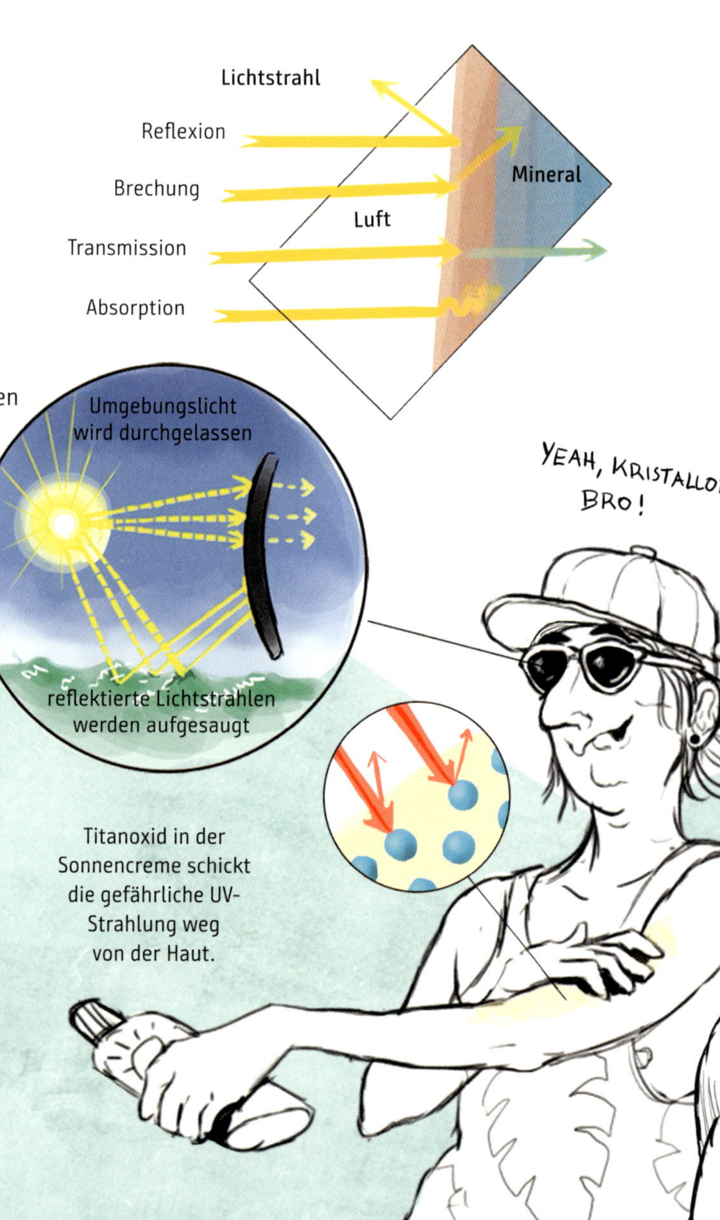

Titanoxid in der Sonnencreme schickt die gefährliche UV-Strahlung weg von der Haut.

Rutile können Licht hervorragend brechen, gleichzeitig prallt es regelrecht an ihnen ab (Reflexion). Beides macht sie perfekt für Sonnenschutzcremes: So kommt weder sichtbares noch ultraviolettes (UV-)Licht durch. Statt dem rötlich gefärbten Kristall wird allerdings ein Nachbau aus dem Labor verwendet. Winzige Titanoxid-Körnchen werden den Kosmetikprodukten als weißes Pulver beigemischt.

„Maßgeschneiderte" Hohlräume schließen Urin ein

Aufnehmen und abgeben

Die Möglichkeiten, die in Kristallen stecken, kann man selten ohne Hilfsmittel erkennen. Da braucht es ausgeklügelte Verfahren wie eine Analyse mit Röntgenstrahlen. Durch sie werden sogar die einzelnen Bauteilchen der Struktur sichtbar – und die Hohlräume dazwischen.

Der Begriff „**Zeolithe**" umfasst eine ganze Gruppe von weißen, undurchsichtigen Mineralien. Aufgebaut wie ein Schwamm, können sie mit ihren Hohlräumen Stoffe wie Wasser aufnehmen und wieder abgeben. Beim Nachbau im Labor (Synthese) nimmt man eine Anpassung in Größe und Form vor, z. B. an Katzenurin für saugende Einstreu oder an Dünger- und Waschmittel, die so verpackt nach und nach freigegeben werden.

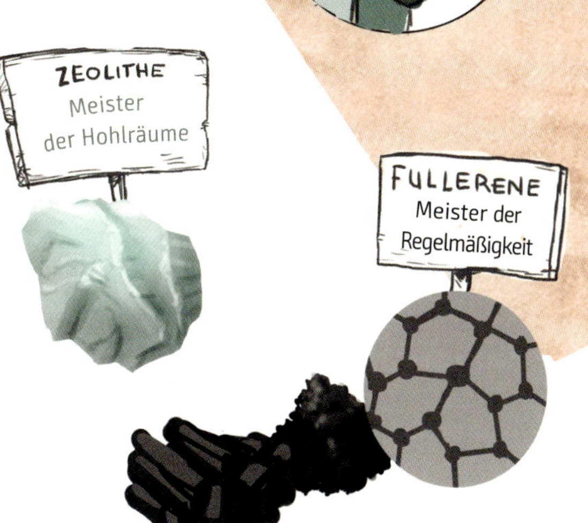

Das freie Auge sieht **Fullerene** als schwarz glänzendes Pulver. Die Vergrößerung zeigt Kohlenstoffteilchen, angeordnet wie ein Fußball. Der Hohlraum mittendrin wird bei künstlichen Fullerenen auf die jeweiligen Transportaufgaben zugeschnitten. Aktuell wird erforscht, ob die Nachbauten unerwünschte Stoffe im menschlichen Körper einsammeln oder Medikamente genau dorthin schaffen können, wo sie wirken sollen.

Stabilisieren und schneiden

Minerale gibt es von „sehr weich" bis „extrem hart". Ihr Härtegrad wird nach der Skala von Mohs eingeteilt. Diese reicht von 1 (am weichsten: Talk) bis 10 (am härtesten: Diamant).

Ein Diamantbohrer durchdringt mühelos Fliesen, Naturstein und Beton.

Damit aus reinem Kohlenstoff ein farbloser, durchsichtiger **Diamant** entsteht, braucht es gewaltige Hitze und enormen Druck – Bedingungen, die es nur tief in der Erde gibt. Lupenreine Exemplare sind selten, das macht sie entsprechend wertvoll. Für den technischen Einsatz wären solche Edelsteine viel zu teuer. Vergleichsweise günstige synthetische Diamanten bringen dieselben begehrten Eigenschaften: die Härte zum Schneiden und Bohren robuster Materialien und die Leitfähigkeit für Wärme in Elektronikteilen.

Der schwarz-graue, undurchsichtige **Graphit** ist relativ weich und lässt sich leicht in Schichten abtragen – wie etwa beim Schreiben mit dem Bleistift. Unter hohem Druck zusammengepresst, wird er jedoch fest und hart. Nach diesem Prinzip werden im Labor aus sehr dünnen Graphitplättchen superlange und feste Röhrchen geformt. Diese „Nanotubes" gelingen zehntausendfach dünner als ein Menschenhaar. In Kunststoffen eingesetzt halten sie kleine Risse zusammen und sorgen dadurch für Stabilität: z. B. bei Tennisschlägern oder Autoreifen.

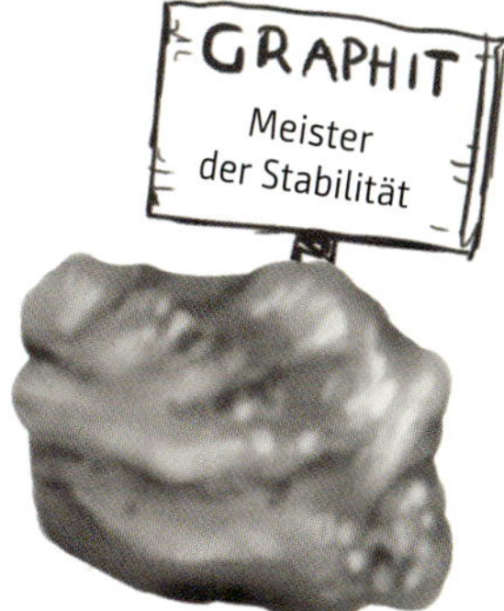

Das Wort „Bleistift" stammt aus einer Zeit, als noch mit dem giftigen Schwermetall Blei geschrieben wurde.

KRISTALLONIK VON VERA HAMMER

Nicht selber arbeiten, sondern arbeiten lassen ... Das ist ein verführerischer Gedanke, vor allem bei Aufgaben, die auf Dauer keinen Spaß machen, körperlich anstrengend oder gar gefährlich sind. In vielen Fabriken gibt es dafür bereits Roboter (von tschechisch „robota" für „Arbeit"). Oft handelt es sich dabei um einzelne, stählerne Arme, mit einem Werkzeug vorne dran. Diese Helferlein vollführen unermüdlich jenen „Handgriff", für den sie programmiert sind: etwa eine Schraube in ein Scharnier drehen oder zwei Metallteile zusammenschweißen. Doch der Fortschritt marschiert weiter, und zwar in Richtung Maschinen, die wie Menschen „denken" und handeln. Sie können Busse steuern, medizinische Diagnosen erstellen oder Gedichte schreiben, je nachdem, mit welchem Wissen sie ausgestattet sind. Gibt man ihnen zusätzlich eine geeignete Hülle, wirken sie verblüffend menschlich. Sophia zeigt, was jetzt schon möglich ist.

MENSCHEN ALS BIONISCHE VORBILDER

Ein Technikwunder täuscht die Welt

Eigentlich ist Sophia ja ein Roboter, genauer gesagt eine Roboterfrau. Doch ihr Entwicklungsteam aus Hongkong hat alles darangesetzt, um sie so menschenähnlich (humanoid) wie möglich zu gestalten. Sophias Künstliche Intelligenz wurde ordentlich gefüttert: mit Informationen, einer Sprachsoftware und unzähligen Wahrnehmungs- und Bewegungsabläufen. Sophia beherrscht über 60 Gesichtsausdrücke und Kopfbewegungen. Sie kann Augenkontakt herstellen, deuten, wie ihr menschliches Gegenüber drauf ist und entsprechend reagieren. Das alles dank Kameras, Sensoren, Silikon-Haut und einem Programm, das alles zusammenführt. Einen kleinen Einblick in Sophias kompliziertes System gibt eine durchsichtige Stelle auf ihrem Hinterkopf. Hochgefahren am 14. Februar 2016 ist Sophia bereits eine Berühmtheit. Saudi-Arabien hat ihr sogar die Staatsbürgerschaft verliehen.

„Eines meiner liebsten Hobbys ist: menschliche Gesichter beobachten und versuchen herauszufinden, was sie gerade fühlen.“

(Sophia bzw. ihre KI)

MASSGESCHNEIDERTE DOPPELGÄNGER

DEN MENSCHEN NACHGEEIFERT | 46–47

Wenn sich der Mensch an sich selbst ein Beispiel nimmt, hat er seine Gründe. Vielleicht ist etwas an ihm nicht wie geplant gewachsen. Oder später abhandengekommen. Vielleicht braucht er aber auch eine andere Form der Unterstützung: bei zu eintönigen, anstrengenden oder gefährlichen Arbeiten.

Wieder in die Tasten greifen: mit der Armprothese „Luke", benannt nach dem Star-Wars-Helden Luke Skywalker.

Sei mein Cyborg!

Prothesen (von griechisch „prósthesis": hinzufügen) ersetzen fehlende Körperteile oder Organe. Anfangs waren sie Platzhalter und nicht selten ein Fremdkörper. Heute lassen sich manche Prothesen steuern wie ein gewachsener Körperteil – allein über die Kraft der Gedanken. Sie bilden mit Sensoren und Elektroden den Informationsweg nach, der sonst vom Gehirn über die Nerven läuft. Die Technik ist mittlerweile derart ausgefeilt, dass man mit einer Armprothese sogar Klavier spielen kann.

Stets zu Diensten

Inzwischen kann man sich den Alltag von einer Stimme organisieren lassen, beziehungsweise vom Computerprogramm dahinter. Sprachassistenten wie Siri, Alexa oder Bixby erkennen den Sinn von gesprochenen Befehlen und führen diese aus. Sie suchen Antworten auf Fragen, wählen Telefonnummern oder bestellen im Internet. Dass sie fast natürlich klingen, ist kein Wunder: Ihre Stimmen werden aus Wörtern und Wortteilen zusammengestoppelt, die ein echter Mensch eingesprochen hat. Interessanterweise sind es meist Frauen, die das Material dafür „spenden".

Fürsorgliche Maschinen

Industrieroboter brauchen meist kräftige Arme, um schwere Teile zu heben und zu montieren. Anderswo sind andere Talente gefragt – zum Beispiel bei der Pflege von Menschen. Hier können nur Helferlein mit weichen Hüllen zum Einsatz kommen: Ihre computergesteuerten „Muskeln" sind stark genug, um Pflegebedürftige hochzuheben, und gleichzeitig ausreichend sanft, um sie nicht noch pflegebedürftiger zu machen.

Robotische Entwirrung: Roboter = programmierte Maschine | humanoider Roboter (Android) = menschenähnlicher Roboter | Cyborg = Mensch-Maschine-Mischwesen | Bot = Abkürzung für „robot" (Roboter) | Avatar = programmierte Kunstfigur | Sprachassistent (Chatbot) = technisches Helferlein | Künstliche Intelligenz (KI) = lernfähige Maschinen

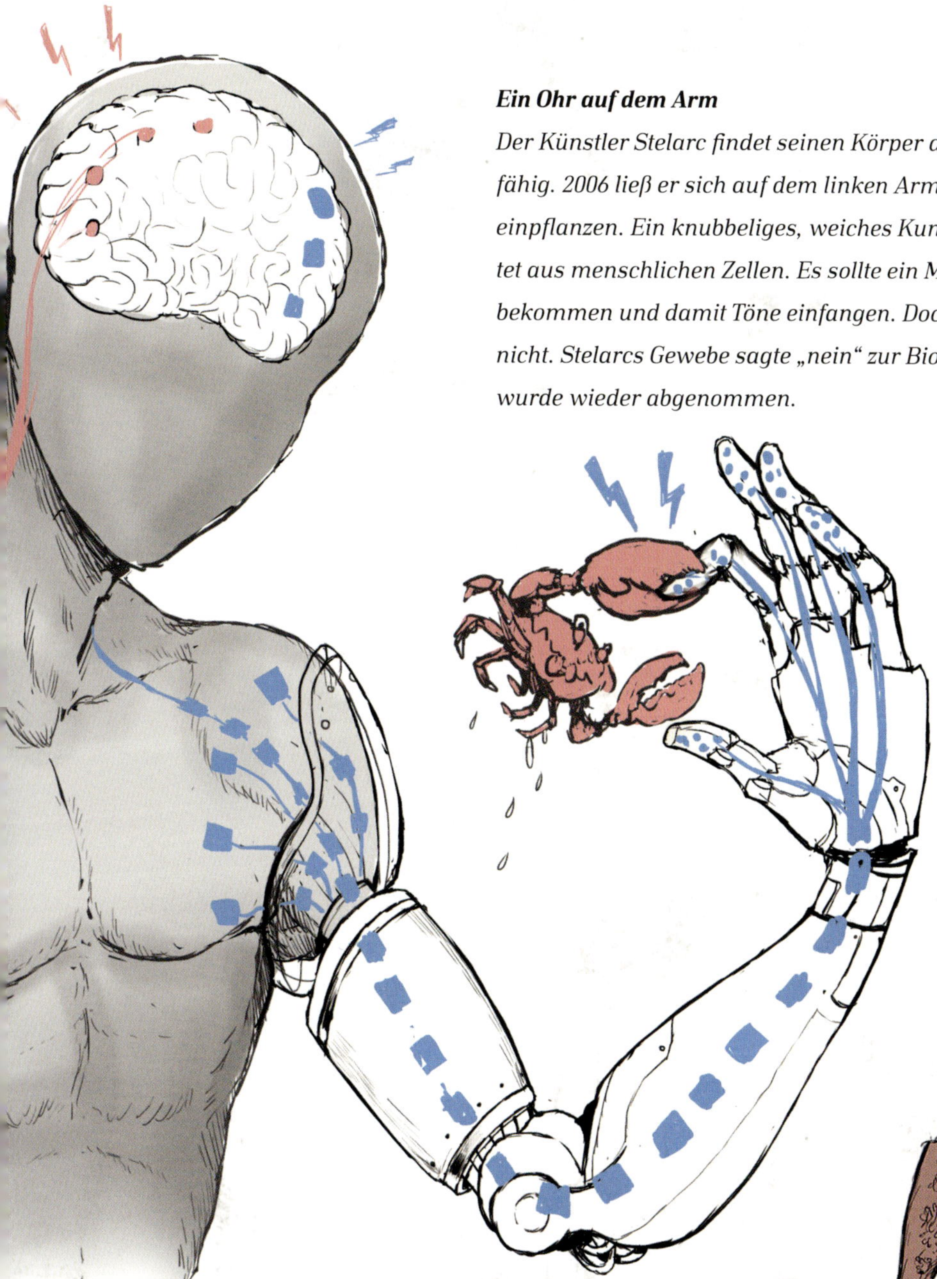

Ein Ohr auf dem Arm

Der Künstler Stelarc findet seinen Körper durchaus ausbaufähig. 2006 ließ er sich auf dem linken Arm ein drittes Ohr einpflanzen. Ein knubbeliges, weiches Kunstohr, gezüchtet aus menschlichen Zellen. Es sollte ein Mini-Mikrofon bekommen und damit Töne einfangen. Doch dazu kam es nicht. Stelarcs Gewebe sagte „nein" zur Bio-Prothese. Sie wurde wieder abgenommen.

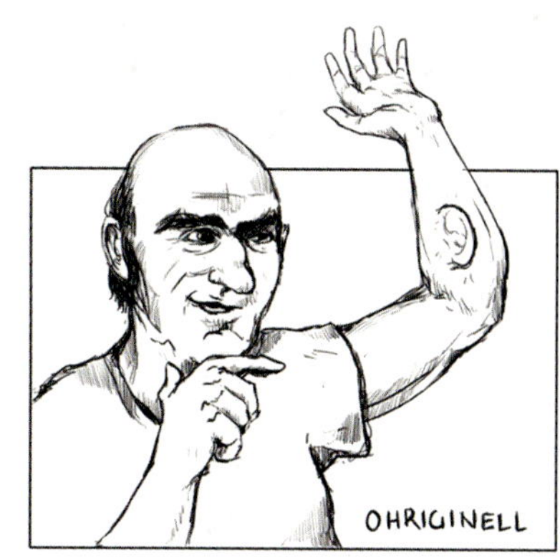

Sensoren-Sensation

Berührungen, Wärme, Kälte, Schmerz: Die menschliche Haut empfängt ständig Informationen von außen. Winzige Tastkörperchen und Tastscheiben wirken dabei wie Sensoren. Sie stehen in ständiger „Funkverbindung" zum Gehirn. Dort, in der Kommandozentrale, werden die Eindrücke auswertet. Mit diesem Wissen lässt sich eine künstliche Haut schaffen, die wie eine echte funktioniert. Sie wäre der perfekte Überzug für intelligente Prothesen. Erste Tests sind bereits am Laufen.

Schon im Alten Ägypten sorgten Großzeh-Prothesen für einen besseren Stand.

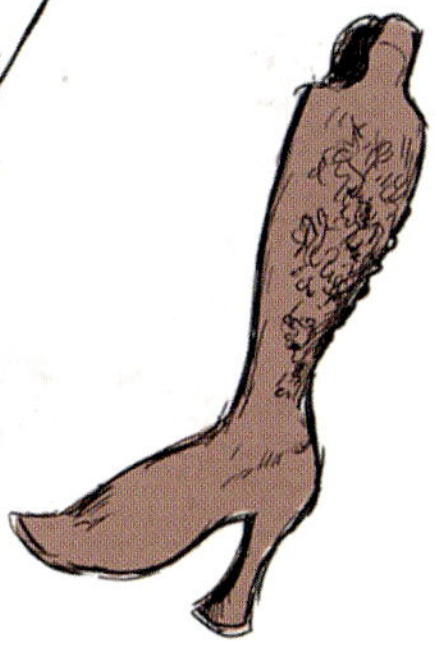

Die Sportlerin und Schauspielerin Aimée Mullins besitzt eine ganze Kollektion an Unterschenkelprothesen, manche davon sind gleichzeitig stilvolles Modeaccessoire.

Mehr als ein Ersatzteil

Prothese und Spitzensport – das geht zusammen. Die Leichtathletin Aimée Mullins lief Top-Zeiten mit „Geparden-Beinen" aus Kohlenstofffasern. Ihr Kollege Oscar Pistorius gewann mit ähnlichen Prothesen gegen Nicht-Prothesenträger. Bis man beschloss, dass ihm sein geglaubter Nachteil einen unerlaubten Vorteil brachte. Ein Doping zum Umschnallen? Der Gedanke ist nicht abwegig, zumindest seit sich Hightech-Prothesen sehr nah am Menschen orientieren. Heute lassen sich alle Merkmale eines gewachsenen Beins mit technischen Mitteln abbilden: Haut und Gewebe, Knochen, Muskeln und Sehnen, die Sinne und sogar die Gedankensteuerung. Warum also einem „Ersatzteil" nicht übernatürliche Zusatz-Fähigkeiten verleihen?

Fortschritt: Zwischen dem simplen Holzbein und der Laufprothese aus Kohlenstofffasern liegen viele Jahrhunderte.

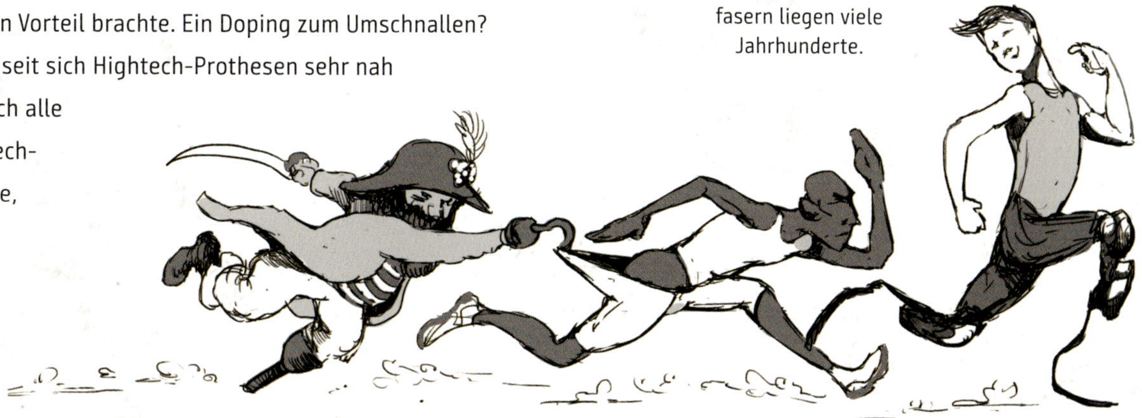

REGISTER

Bei aller gebotenen Sorgfalt kann ein Wissensschatz niemals komplett sein. Und genauso wenig frei von Inhalten, über die man diskutieren kann und soll. Für gefundene Fehler oder zweifelhafte Darstellungen gibt es eine Adresse: buchverlag@tyrolia.at Wir freuen uns über jeden klärenden Hinweis.

WENN DIE BIONIK SCHLAU

codieren

einrichten

grübeln

Medizin im Kleinstformat
Schon jetzt gibt es winzige Roboter aus noch winzigeren Bauteilen. Solche „Nanobots" könnten künftig durch den menschlichen Körper düsen, ihn von innen reparieren oder punktgenau mit Medikamenten versorgen.

kennen

lösen

rechnen

träumen

Hausbau auf Bionisch
Das Projekt „bionisphere" überträgt die Genialität der Natur auf ein Haus: vom Glühwürmchen die Beleuchtung, vom Lotusblatt die Fassadenbeschichtung, vom Baum die Wasserversorgung, von Insektenflügeln die Faltelemente …

abwägen

umsetzen

Nachwachsen auf Kommando
Hirsche werfen ihr Geweih jedes Jahr ab und bilden es von Grund auf neu. Wenn Menschenknochen das „lernen", könnte ein zu kurzer Arm- oder Beinstumpf zum Nachwachsen gebracht werden, bis eine Prothese gut hält.

beschreiben

finden

nachvollziehen